O Espectador dos Milagres de Jesus
Jean Carlos de Andrade

2010

Jean Carlos de Andrade

O Espectador dos Milagres de Jesus

Uma história real baseada na Bíblia, a vida de Jesus na visão de um garoto fictício por nome Felipe.

Estiva MG Outubro de 2010

1ª Edição 2010

2ª Edição 2015

3ª Edição 2018

4ª Edição 2019

Copyright @ 2010 by Jean Carlos de Andrade todos os direitos reservados

ISBN 978-85-8045-099-6

Digitação: Jean Carlos de Andrade

Revisão: Professor Sebastião Célio Pereira

1ª Capa: Waldeci Ramos (2010)

2ª Capa: Jean C. de Andrade (2015)

3ª Capa: 2019

Editora: Clube de Autores, Agbook

Jean Carlos de Andrade

O Espectador dos Milagres de Jesus

Diagramação e Ilustração: Jean Carlos de Andrade
1ªCapa 2010: Waldeci Ramos – Artes Gráficas
2ªCapa 2015: Jean C. de Andrade
Imagens: Google
Revisão: Professor Sebastião Célio Pereira
Prefácio: Professor Adriano Geraldo da Silva
E-mail: Jean.jeanandrade.andrade376@gmail.com

Edição 3ª- Todos os direitos reservados ao autor Jean Carlos de Andrade

2010

Apresentação

Este é um livro baseado na Bíblia Sagrada, são as histórias de Jesus Cristo em sua jornada na terra Santa, porém, são acompanhadas por um personagem fictício que se chama Felipe.

Felipe era garoto que não acreditava em nada e em ninguém, pior, era rude e maldoso para com seus pais.

Um garoto que maltratava a todos de sua família e estava se tornando um potencial ladrão. Seus pais não sabiam mais o que fazer com ele.

Certo dia, passou em sua vila, um homem chamado Jesus.

Este homem estava em uma missão sagrada, missão da qual Felipe duvidava, e, para tirar suas dúvidas, resolveu segui-lo.

Felipe se tornaria o espectador dos milagres de Jesus, e a sua vida mudaria para sempre.

Acompanhou toda a trajetória de Jesus e presenciou grande parte de seus milagres, suas curas, sua entrada triunfal em Jerusalém, sua prisão, a humilhação e também a morte.

Presenciou a ressurreição de Jesus, três dias depois, foi aí que Felipe mudou a sua personalidade, se tornando um homem digno.

"O Espectador dos Milagres de Jesus" é um livro religioso com fatos de conhecimento bíblico, de uma maneira simples e interessante, relatando as maravilhas que Jesus fez, porém, na visão de um garoto sem fé. Foi o modo que o autor encontrou para compartilhar a intimidade de Jesus com as pessoas que o acompanhavam.

Apesar do personagem se chamar Felipe, sendo o mesmo nome de um dos discípulos de Jesus, é um personagem fictício, uma invenção do autor...

Na verdade, o autor não sabe explicar a origem da escolha por este nome, ao tentar vários, só lhe vinha Felipe à mente.

"O Espectador dos Milagres de Jesus" é um livro para se emocionar e conhecer um pouco mais os mandamentos de Jesus e suas lindas parábolas, mensagens importantes e orações. Também, para refletirmos sobre a nossa vida, se estamos vivendo de acordo com os preceitos e ensinamentos do Mestre Jesus Cristo.

Jean C. de Andrade

Prefácio

Durante séculos, vários homens e mulheres procuraram explicitar de alguma forma o mistério do evento fundamental da fé cristã, a encarnação do Verbo Eterno, Palavra eterna do Pai na figura e pessoa do homem de Nazaré, Jesus.

Embora o mistério não possa ser abarcado no seu todo, várias foram as tentativas e as formas de expressar o evento quenótico do Filho de Deus, seja através da Teologia, da poesia, da música ou das pinturas e esculturas, cada um á seu modo, de acordo com sua sensibilidade procurou apresentar ao mundo, tornar objetivo sua experiência subjetiva.

Assim, poderíamos citar os grandes nomes de Irineu de Lyon, Agostinho de Hipona, Tomás de Aquino, Michelangelo, Wolfgang Amadeus Mozart, Bach, Karl Rahner, von Balthasar, Joseph Ratzinger, Leonardo Boff, enfim, cada um á seu modo, seja pela literatura, pela música, pela arte ou pela ciência teológica, com sua sensibilidade própria conseguiram tocar uma das faces do mistério inefável do Divino, nunca esgotando em si o mistério, mas dando a conhecer a grandiosidade do evento da salvação.

O presente trabalho que temos em mãos, de Jean Carlos de Andrade, é mais uma destas tentativas de "tocar" o mistério e torná-lo conhecido. Como já afirmara o ilustre teólogo de Lucerna, Hans Urs von

Balthasar, a literatura parece ser mais um dos caminhos em que a alma humana se expressa e se transcende, revelando e ao mesmo tempo tocando o mistério do Sagrado, que nunca se esgota, mas que em sua profunda gratuidade se doa e se dá a conhecer pelo rosto sereno, familiar e humano de Jesus de Nazaré.

Como todas as demais tentativas, esta também possui os limites próprios da humanidade que diante do inefável se cala em profunda adoração e contemplação, mas como toda arte transcende o sensível e toca o espírito humano, fazendo-o navegar por mares nunca antes navegados. A experiência do jovem que por mera curiosidade resolve seguir o "tal" Jesus de Nazaré parece-nos uma experiência plausível e digna de imitação.

De fato, como reza um conhecido provérbio, não se ama aquilo que não se conhece, ora, só se conhece aquilo que se experimenta na própria carne, com o próprio espírito e só se faz este caminho aquele que no íntimo de seu coração se propõe a ser "discípulo e missionário de Jesus Cristo".

Neste sentido, o presente trabalho de Jean Andrade, está em profunda consonância com o que fora afirmado e confirmado pelos bispos latino-americanos e caribenhos na V Conferência Geral realizada em aparecida no ano de 2007, com a presença de Bento XVI.

Por isso, na esteira do que foi dito no Documento de Aparecida, poderia afirmar que este livro não é mais uma "história", senão uma verdadeira proposta, um convite, diríamos, á nos colocar a caminho para conhecer quem é este Jesus de que tanto se fala, mas que na maioria das vezes é um ilustre desconhecido até mesmo por quem se encontra no seio da própria Igreja.

Colocar-se á caminho e ouvir o que ele tem á ensinar é, portanto, salutar e proveitoso para aqueles que desejam de fato serem chamados seguidores de Cristo.

O que se encontra na simplicidade destas páginas é o caminho traçado e apresentado pelos Evangelhos, porém numa perspectiva diferente, mas que nos trazem de forma curiosa e interessante a Palavra de Deus condensada nas Sagradas Escrituras.

Oxalá, possamos aproveitar deste itinerário proposto e nos colocarmos no seguimento daquele que de alguma forma incomoda, suscita curiosidade e, justamente por isso, nos convida a segui-lo. Não percamos tempo, saboreemos destas páginas, iniciemos o caminho.

Adriano Geraldo da Silva

Bacharel em teologia, especialista em ensino de filosofia e mestrando em filosofia pela Universidade Federal de São Paulo.

Dedicatória

Dedico este livro à minha família, esposa e amigos, também a todas as Pastorais da Paróquia de Nossa Senhora Aparecida de Estiva MG.

Ao querido amigo Padre Arquimedes, Pároco de Estiva MG em 2010, também a todos da mesma cidade.

Agradecimentos

A Deus e Nossa Senhora, a quem devo muitas vitórias de minha vida. Agradeço pelos dons que me foram dados, agradeço aos meus pais: João Lúcio de Andrade e Maria de Fátima Andrade, também a minha amada esposa Eliane Belizário de Andrade pelo carinho, apoio e amor constantes.

Autor: Jean Carlos de Andrade

Índice

CAPÍTULO I
O Garoto Felipe e um Homem Chamado Jesus...................................14

CAPÍTULO II
A Curiosidade de Felipe..18

CAPÍTULO III
Cafarnaum...34

CAPÍTULO IV
O Centurião e o Servo...37

CAPÍTULO V
A Ressurreição de Lázaro..41

CAPÍTULO VI
Outra Parábola...50

CAPÍTULO VII
A Multiplicação dos Pães..57

CAPÍTULO VIII
Uma Lágrima de Felipe...61

CAPÍTULO IX
Os Doze Apóstolos..63

CAPÍTULO X
O Rico e o Pobre Lázaro...75

CAPÍTULO XI
Simão Pedro..79

CAPÍTULO XII
Caminhando Para Jerusalém...87

CAPÍTULO XIII
  Entrada Triunfal em Jerusalém..91
CAPÍTULO XIV
  Purificação do Templo..100
CAPÍTULO XV
  A Última Ceia...103
CAPÍTULO XVI
  A Paixão de Cristo...111
CAPÍTULO XVII
  Tudo Está Consumado..126
CAPÍTULO XVIII
  Realmente Ressuscitou..129
CAPÍTULO XIX
  O Último Encontro Com Felipe..134

  Mensagem do Autor..142
  Orações..144
  As Sete Palavras de Jesus..161
  Sobre o Autor...163
  Biografia..166

Capítulo I

O Garoto Felipe e um homem chamado Jesus

Em um tempo de nossa história, existia um garoto muito rebelde, um garoto respondão e abrutalhado com seus pais e parentes mais velhos.

Além da grosseria para com seus familiares, este garoto era um ateu convicto, pois não acreditava em nada, mesmo que lhe mostrassem o contrário. Incrédulo e rebelde, só acreditava em si mesmo.

Quando lhe falavam de DEUS, o menino dava uma gargalhada e zombava de todos dizendo:

-Deus?

_Como vocês são ingênuos!

Acreditar em uma besteira destas?

Deus aqui na terra é o ouro, é a fortuna que guardamos, pois só com ela somos bem tratados e respeitados, a palavra "Deus" é um conforto para os pobres e miseráveis que só podem acreditar em um fato que seja mágico.

Seus pais, quando ouviam isto, se entristeciam muito e até choravam com a força das palavras duras de seu filho.

Felipe era uma pessoa rancorosa e que maltratava a todos, não se importando com idade ou parentesco.

Entrou fácil no mundo do roubo e do furto, uma coisinha aqui, outra ali, á princípio, apenas por diversão, logo se transformara em um ladrão profissional.

Seus pais não mais o controlavam e até sentiam medo dele.

Realmente Felipe estava perdido.

Não havia modo de lhe socorrer, pois ele não aceitava nada de ninguém e somente acreditava nele próprio.

Neste ritmo em que estava, Felipe logo se tornaria um perigoso ladrão ou mesmo um assassino impiedoso.

Seu pai, não sabendo mais o que fazer, chorava e rezava para que Felipe mudasse.

Certo dia, um comentário em sua vila se espalhou.

O comentário sobre um homem simples que estava se aproximando da região onde eles moravam.

Um homem com aparência humilde e com barbas longas, porém com um olhar penetrante e com uma calma incrível trazendo consigo uma multidão de seguidores.

Este homem iria passar por sua vila e ali ficaria por um dia. Todos diziam que era um Profeta que estava vindo, outros, mais afoitos, já diziam se tratar do Messias enviado pelo próprio DEUS.

No meio de tantos comentários, todos gravaram em suas mentes, com enorme facilidade o seu nome, Jesus de Nazaré, filho de um carpinteiro chamado José e de uma mulher simples por nome Maria.

Como em todo lugar pequeno, o comentário se espalhava e todos se perguntavam:

Mas o que está acontecendo? Por que tantos o seguem? Apenas por suas palavras bonitas?

Mas era algo mais que simples palavras bonitas, seus atos eram maiores do que muita palavra dita naquela época.

Diziam que ele curava pessoas doentes, apenas com o olhar, outros diziam ter visto esse homem ressuscitar mortos.

Até mesmo para uma época de povo simples, isto parecia ser demais, ilusão.

Com tantos comentários sobre este homem, foi inevitável que Felipe também ouvisse tal boato de sua Vila, e, com sua arrogância enorme, já começou a gargalhar de todo o povo e também de seus pais:

_ Ignorantes!_

Dizia ele com ar de deboche!

Acreditar em um louco que anda pelos desertos gritando para todos ao seu redor, que é o próprio filho de Deus?

_Vocês estão mais malucos que este próprio Jesus.

Dizia Felipe!

Seu pai, que já estava acostumado com as grosserias de seu filho, não discutiu e o deixou falar a vontade. Quando Jesus chegou nessa vila, todos foram ao seu encontro, pois além de querer ver o próprio homem, também, por curiosidade, seus supostos milagres.

Felipe dizia entre gargalhadas:

_ *Vão! Bando de doidos! Vão ver o seu DEUS! Feitor de mágicas e milagreiro, eu é que não vou mesmo perder meu tempo com palhaçadas.*

Neste momento veio à mente de Felipe uma ideia.

_*Ora! Se todos estão na praça, curiosos, por ver esse tal Jesus, as casas da Vila estarão vazias, e que bela oportunidade e única de roubar tudo o que quero? E ainda agradeceu ao tal Jesus por esta oportunidade.*

Capitulo II

A Curiosidade de Felipe

(Jesus nos chama pelo nome, ele nos conhece...)

No que ele saiu, foi em direção às casas e uma vontade indescritível apoderou-se de Felipe: teve um grande desejo de ver, nem que fosse um pouquinho, este tal JESUS, que estava na Praça.

Vendo o tamanho da multidão, Felipe, de longe, olhava com certo ar de riso, mas conseguiu avistar o tal homem de que todos falavam, e poder observar que ele conversava com toda aquela gente como se já os conhecesse de longa data.

Por um momento, Felipe se esqueceu do que iria fazer, esquecendo até do tal roubo que faria, apenas por ouvir um pequeno som da voz de Jesus.

Pior ainda, quando ele tentava ouvir um pouco o que Jesus dizia, eis que o próprio Jesus o chamou:

_ *Felipe, chegue mais um pouco à frente e se acomode aí!*

Felipe quase caiu com o susto, ao ouvir Jesus chamá-lo pelo nome, pois nunca lhe fora apresentado e até pensou que poderia ser seu pai ou sua mãe quem dissera á ele seu nome, por um minuto voltou a sorrir dizendo:

Ah! Estão querendo me enganar!

Com certeza foram meus pais que contaram para Jesus quem sou eu.

Mas vou me acomodar e ouvir as besteiras que este homem contará.

E sentou-se para ouvir o tal homem de Nazaré.

Jesus com um semblante maravilhoso e com uma calma impressionante, contava parábolas de todos os tipos e jeitos, Felipe ali se esqueceu das horas e de tudo mais, pois junto à multidão estava perplexo com a calma com que Jesus contava as parábolas.

No mesmo instante em que Jesus falava, se aproximou dele um jovem muito rico que abitava aquela região e lhe perguntou:

_ *"Mestre, que devo fazer de bom para ter a vida eterna?"*

Disse Jesus:

_ *"Porque me perguntas a respeito do que se deve fazer de bom? Só Deus é bom. Se queres entrar na vida, observa os mandamentos."*

"Quais?" Perguntou ele.

Jesus novamente respondeu:

-*"Não matarás, não cometerás adultério, não furtarás, não dirás falso testemunho, honrarás teu pai e tua mãe, amarás teu próximo como a ti mesmo."*

Disse-lhe o jovem:

-*"Tenho observado tudo isso desde minha infância. Que me falta ainda?"*

Com paciência, respondeu novamente Jesus:

-*"Se queres ser perfeito, vai, venda teus bens, dá aos pobres e terás um tesouro no céu. Depois vem e segue-me!".*

Ouvindo estas palavras, o jovem foi embora muito triste, porque possuía muitos bens.

Mateus 19 – 16 á 22

Um dos episódios mais angustiantes é esta história do jovem rico, que perdeu a mais estupenda oportunidade do mundo, retirando-se pesaroso, porque era possuidor de muitos bens. Esta história é a de toda humanidade em geral. Muitos recusam a salvação que Jesus nos oferece, não pelo fato de possuir muito dinheiro ou muitas propriedades, pois os ricos formam uma minoria, mas porque todos nós possuímos grandes bens, embora de outra natureza como ideias preconcebidas, confiança em nossos próprios julgamentos, apego a tantas coisas, o nosso orgulho, a nossa fidelidade sentimental ou interesseira a certas instituições ou organizações, preocupações de amor-próprio, hábitos de vida que não temos o menor desejo de sacrificar. É incrível como nos prendemos a direitos adquiridos, a vaidades e honorários deste mundo. Todas essas posses nos acorrentam e nos mantém exilados de Deus.

Porque a mensagem de Cristo foi tão mal acolhida entre os sacerdotes de Jerusalém? A resposta é simples; eles também possuíam "grandes bens": sua ciência de rabinos, suas honrarias públicas, sua autoridade, suas funções oficiais importantes, enfim. O jovem rico é de fato, um dos personagens mais trágicos que já existiram. Não devido às suas riquezas (porque a riqueza, em si, não é boa nem má), mas pelo fato de estar sujeito ao amor do ouro, por colocar o coração nisso, e como diz o apóstolo Paulo, é a fonte de todos os males. Ele poderia ter possuído os seus milhões, mas se o seu coração a eles não estivesse acorrentado, como lhe teria sido fácil entrar no Reino dos Céus. (Texto extraído da Reflexão do site Leitura Orante -

http://leituraorante.comunidades.net/leitura-orante-o-jovem-rico-mt-1916-22)

Felipe não acreditava no que estava ouvindo e até se enfureceu com a cena, pois pensara que o assunto daquele momento, talvez teria sido uma combinação, um teatro, algo talvez até combinado com os seus pais, para que servisse para ele também, tamanha arrogância de Felipe se achando mais importante do que muitos que ali estavam, pois, as palavras de Jesus foram como direcionadas também para ele, desprender de seus bens, não materiais, mas mundanos...

Felipe pensou:

_*"Vou ver aonde vai dar! Alguma hora esse Jesus vai escorregar, e eu estarei por perto para rir de sua falha".*

Disse ao seu pai e sua mãe que iria atrás daquele homem somente para provar que ele era um enganador, que o que ele tinha ouvido a respeito do jovem rico, se o tal Jesus pensou que serviria para ele, não havia funcionado, tamanha bobagem dita por Felipe.

Quando Jesus acabou de falar ao povo, resolveu seguir viagem, e todos o seguiam, inclusive Felipe, mas seguindo a distância, para assim matar a sua curiosidade sobre aquele homem misterioso.

Sem despedidas, ele foi atrás de Jesus, seguindo-o escondido pelos caminhos.

Em cada parada, uma multidão se formava ao redor de Cristo, que com um belo sorriso, os atendia com muito carinho e afeto.

Felipe de longe observava, crente que Jesus era um farsante, esperava por uma falha do filho de Deus. *("Como se isto fosse possível")*

Em cada parada, Jesus sentava-se em uma pedra ou em um pedaço de madeira e começava a contar as suas parábolas, mexendo espiritualmente com todo o povo que o ouvia.

Nestas conversas, eis que Pedro se aproximou de Jesus e pergunta:

- *"Senhor, quantas vezes devo perdoar a meu irmão quando ele pecar contra mim? Até sete vezes?"*

Respondeu Jesus:

- *"Não te digo até sete vezes, mas até setenta vezes sete"*

E para ilustrar melhor, contou uma parábola sobre o servo cruel:

- Por isso o reino dos céus é comparado a um rei que quis ajustar contas com seus servos. Quando começou a ajustá-las, trouxeram-lhe um que lhe devia dez mil talentos. Como ele não tinha com o que pagar, seu Senhor ordenou que fosse vendido ele, sua mulher, seus filhos e todos os seus bens para pagar a dívida.

Este servo então prostrou-se por terra diante dele e suplicava-lhe: Da-me um prazo, e eu te pagarei tudo!

Cheio de compaixão, o senhor o deixou ir embora e perdoou-lhe a dívida.

Apenas saiu dali, encontrou um de seus companheiros de serviço que lhe devia cem denários. Agarrou-o pela garganta e quase o estrangulou dizendo:

- Paga o que me deves!

O outro caiu aos seus pés e pediu-lhe:

- Da- me um prazo que eu te pagarei!

Mas sem nada querer ouvir, este homem o fez lançar na prisão, até que tivesse pagado sua dívida.

Vendo isto, os outros servos, profundamente tristes, vieram contar ao seu senhor o que se tinha passado. Então o senhor o chamou e disse:

- Servo mau, eu te perdoei toda a dívida porque me suplicaste.

Não devias também tu compadecer-te de teu companheiro de serviço, como eu tive piedade de ti?

E o senhor o entregou aos seus algozes, até que pagasse toda sua dívida. Assim vos tratará meu pai celeste, se cada um de vós não perdoar a seu irmão de todo coração.

Mateus 18 - 21 á 35

Enquanto todo povo comentava esta parábola que Jesus acabara de contar, de longe, mas não muito, estava o garoto Felipe.

Também acabava de ouvir atentamente o que Jesus havia dito e se pôs a pensar, mas ainda com enorme desconfiança, mas decidido a ir atrás de Jesus até o fim, para ver o que mais ele falaria.

Mal sabia ele que sua aventura mudaria para sempre o seu modo de agir e de viver.

Felipe era um garoto incrédulo.

Não queria ele dar o braço a torcer, mas estava em seu íntimo admirado por este homem chamado Jesus Cristo.

Queria ele enganar a si mesmo, dizendo e pensando que iria desmascarar este homem, mas não queria e temia estar acreditando que ele era realmente quem dizia ser, o filho de Deus, um Deus que Felipe sempre dizia não existir.

Estava se entregando e Jesus sabia que ele o acompanhava de longe, mas com um sorriso, o esperava sem que ele próprio percebesse.

E assim continuou por muitos dias e semanas, passavam por vários povoados, se alimentando da bondade de pessoas que pelo caminho encontrava.

Felipe não percebia de fato que até a sua vida de ladrão já havia deixado para trás, pois muitas vezes com fome, nem pensava em tirar de alguém o que não era seu.

Já estava se convertendo ao amor por Jesus enquanto caminhava, mas a ideia de Jesus ser um mentiroso passava a todo o momento por sua mente incrédula. Seria verdade um Ser Divino entre nós?

Em cada lugarejo que Jesus passava, pessoas iam ao seu encontro, Jesus os cumprimentava com muito carinho.

Em uma vila, foram-lhe apresentadas algumas crianças para que Jesus pusesse as mãos sobre elas e também orasse.

Os discípulos, porém, as afastavam, mas Jesus os repreendia dizendo:

- *"Deixai vir a mim as criancinhas e não as impeçais, porque o reino dos céus é para aqueles que se lhes assemelham."*

E depois de impor-lhes as mãos continuava seu caminho.

Mateus 19- 13 á 15

Deus não distingue adultos, idosos, jovens ou crianças. Todos devem e merecem ser acolhidos. Ninguém pode impedir que isso aconteça, porque a graça de Deus é gratuita, mesmo que alguém tente impedir, ela pousará na vida de quem Deus bem entender, a salvação é para todos nós, o céu é para aquele que se assemelham as crianças, tendo a inocência e a ausência do pecado.
(Reflexão -Leitura Orante - Liturgia Diária)

Felipe estava impressionado com o carinho que o povo tratava Jesus, seria ignorância de tantos agradarem este estranho senhor?

Felipe já estava se perguntando, se continuava a duvidar ou se acreditaria na bondade daquele homem, mas, rebelde como era, continuou com suas dúvidas, dizia a si mesmo que palavras são apenas palavras, nada mais, ele é só uma pessoa boa com as palavras. Pensava o jovem...

Passando por um senhor na estrada, Felipe lhe perguntou:

_*Qual a razão em seguir esse maluco por toda parte?*

E o senhor grisalho lhe respondeu assim:

_*Porque o amo! E você? Por que o segue por toda parte?*

Felipe se calou, não sabia mais o porquê estava seguindo Jesus tanto tempo pelas estradas, só sabia que precisava segui-lo, até para ver o que iria acontecer.

Na curiosidade de todo ser humano, Felipe parou outro senhor e lhe perguntou:

_*De onde realmente vem esse Jesus?*

O senhor com aparência humilde e simples lhe disse:

_*De Nazaré!*

Mas você acredita nesta tal divindade? Novamente Perguntou Felipe!

Em resposta, o humilde seguidor respondeu:

_Sim, sei que seus pais se chamam Maria e José, ouvi dizer que Maria recebeu a visita de um anjo que lhe dissera que ela seria a mãe do filho de DEUS, e ela aceitou com muito amor essa missão que recebera.

José, porém, no começo não aceitou por achar que era uma traição por parte de sua amada, Maria, mas outro anjo em sonho lhe esclareceu tudo.

Em seu nascimento uma estrela apontou o local exato onde três Reis o visitaram e o presentearam. Na mesma época, um Rei maldoso, temendo perder seu trono para esse garoto, eis que mandou matar todas as crianças recém-nascidas daquele estado.

Maria e José fugiram para o Egito e conseguiram escapar, esse menino enviado por Deus á Maria e José, se chama Jesus este que estamos seguindo nesse momento.

Felipe estava confuso e perdido.

_Será verdade? Não pode ser! Isso não pode existir, é muita fantasia. Dizia ele com semblante assustado e balançando a sua cabeça negativamente...

Seguindo ao longe Jesus e seus discípulos, eis que presenciava todo tipo de manifestação. Outra muito interessante e maravilhoso, foi o encontro com o cego à beira da estrada...

Passando Jesus, viu um homem cego de nascença, os seus discípulos lhe perguntaram:

_ *Rabi, quem pecou? Este homem ou seus pais, para que nascesse cego?*

Jesus respondeu:

_ *Nem ele pecou, nem seus pais; mas foi assim para que se manifestem nele as obras de Deus. Convém que eu faça as obras daquele que me enviou, enquanto é dia; a noite vem, quando ninguém pode trabalhar.*

Enquanto estou no mundo, sou a luz do mundo.

Depois de dizer isso, cuspiu na terra, e, com a saliva, fez lodo, e untou com o lodo os olhos do cego.

E disse-lhe: _*Vai, lava-te no tanque de Siloé* (que significa o Enviado).

Foi, pois, e lavou-se, e voltou vendo.

Então, os vizinhos e aqueles que dantes tinham visto que era cego, diziam:

_*Não é esse aquele que estava assentado e mendigava?*

Uns diziam:

_*É esse.*

E outros:

_*Parece-se com ele.*

Ele com alegria dizia:

_*Sou eu.*

Diziam-lhe, pois:

_*Como se te abriram os olhos?*

Ele tornou a responder:

_ *O homem chamado Jesus Cristo fez lodo, untou-me os olhos* e *disse-me, vai ao tanque de Siloé e lava-te. Então, fui, lavei-me e vi.* Disseram-lhe, pois: - *Onde está ele*? Respondeu: - *Não sei.*

(João capitulo 9)

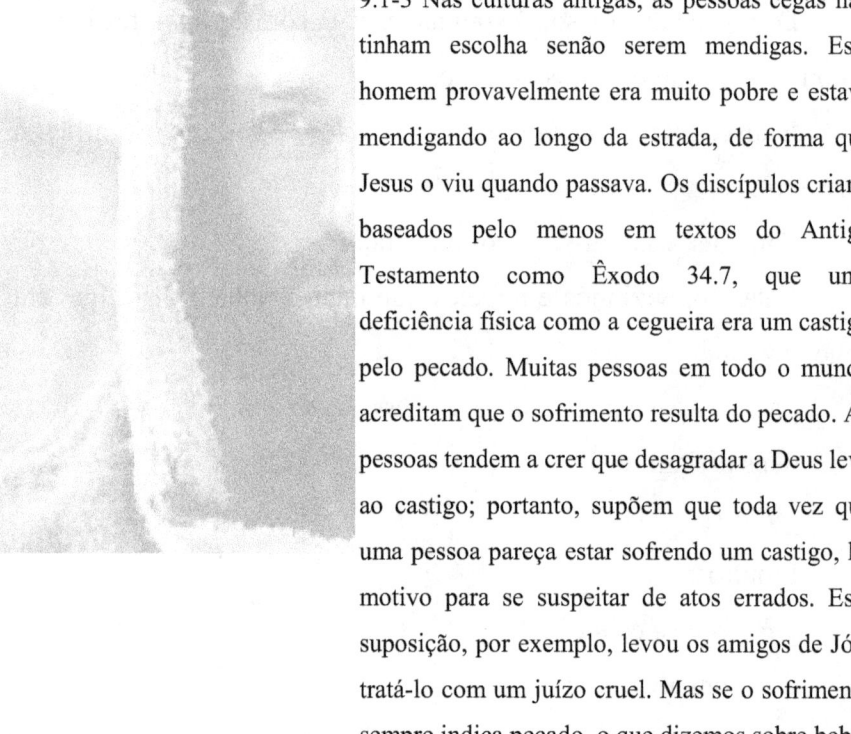

9.1-3 Nas culturas antigas, as pessoas cegas não tinham escolha senão serem mendigas. Este homem provavelmente era muito pobre e estava mendigando ao longo da estrada, de forma que Jesus o viu quando passava. Os discípulos criam, baseados pelo menos em textos do Antigo Testamento como Êxodo 34.7, que uma deficiência física como a cegueira era um castigo pelo pecado. Muitas pessoas em todo o mundo acreditam que o sofrimento resulta do pecado. As pessoas tendem a crer que desagradar a Deus leva ao castigo; portanto, supõem que toda vez que uma pessoa pareça estar sofrendo um castigo, há motivo para se suspeitar de atos errados. Esta suposição, por exemplo, levou os amigos de Jó a tratá-lo com um juízo cruel. Mas se o sofrimento sempre indica pecado, o que dizemos sobre bebês nascidos com deformidades ou deficiências físicas? Este homem nasceu cego, então eles perguntaram: "Quem pecou, este ou seus pais, para que nascesse cego?" Os discípulos estavam pensando sobre a causa da cegueira. Jesus mudou a atenção deles da causa para o propósito. Jesus demonstrou o poder de Deus curando o homem. Em vez de nos preocuparmos com a causa dos nossos problemas, devemos descobrir como Deus poderia usar o nosso problema para demonstrar o seu poder. Jesus explicou que a cegueira do homem não tinha nada a ver com seu pecado ou com o pecado de seus pais. Deus permitiu que a natureza fluísse em seu curso, para que a pessoa no final trouxesse glória a Deus através do recebimento tanto da visão física como da espiritual. *(Extraído do site Evangelho de João As boas Novas Segundo o Discípulo Amado)*

Felipe, que acabara de presenciar esse fato, não se conformou.

_*Não é possível! Isto não pode existir, todos estão dizendo que ele era realmente cego, e Jesus o curou?*

Pensava consigo...

_ *Estou confuso e perturbado, só sei que preciso seguir esse homem.*

E continuou seguindo o chamado Messias, que entre um vilarejo e outro curava, acalmava, dava esperança e alento, mostrava uma infinidade de pensamentos sobre a vida eterna, a que nós temos direito de viver.

Felipe, vendo tudo aquilo, pensava:

_ *Como pode ser? Será um farsante? Mas como? Se dinheiro não o vejo pegar de ninguém, come apenas o que lhe dão, nunca deixa de atender as pessoas que chegam perto dele.*

Devo chegar mais próximo? Acho que não! Ficarei um pouco mais afastado...

E em outra cidade, outro feito chamou a atenção do jovem Felipe.

Um homem coberto de lepra, ao ver Jesus, abaixou-se com o rosto voltado ao chão, suplicou-lhe dizendo:

_ *Senhor, se quiseres, tu podes me tornar limpo.*

Jesus estendeu a mão e o tocou, dizendo:

_*Eu quero. Sê limpo.*

E logo a lepra sumiu dele.

Jesus pediu-lhe que não contasse isso a ninguém:

_ *Mas vai até o sacerdote e traz a oferta pela sua purificação, assim como Moisés ordenou, para que lhe seja como testemunho.*

E Felipe presenciou mais um milagre, algo que o deixava cada vez mais intrigado.

Porém, as notícias sobre Jesus se espalhavam cada vez mais, e grandes multidões se juntavam para o ouvirem e serem curadas de suas doenças também; mas ele se afastava para lugares desertos, ali orava.

Felipe sempre observava...

Capítulo III

Em Cafarnaum

(Conhecendo um local importante pela passagem de Jesus...)

Felipe, quando se deparou, já estava em Cafarnaum, um pequeno vilarejo da Galileia, situado às margens do lago de Genezaré, que, por certo momento, entra na história dos grandes eventos.

Jesus, "deixando Nazaré, veio habitar em Cafarnaum, às margens do mar, nas regiões de Zabulon e de Neftali" (Mt. 4,13).

A partir daquele dia, Cafarnaum, o vilarejo dos pescadores, tornou-se a "cidade de Jesus". "E entrando em um barco, ele atravessou e foi para a sua cidade" (Mt.9,1).

Com a casa de Jesus em Cafarnaum, o vilarejo dos pescadores passou a ser a capital do reino messiânico do Evangelho.

Das ruínas desta cidade, duas coisas se destacaram: a casa de Simão Pedro e o edifício da Sinagoga do Centurião romano.

Aconteceu certo dia que ele estava ensinando, e estavam sentados fariseus e instrutores da lei, que tinham vindo de toda aldeia da Galileia e da Judeia e também de Jerusalém; e o poder do Senhor estava com ele para curar.

Eis que alguns homens traziam num leito, uma pessoa paralítica.

Eles pretendiam trazê-la e colocá-la diante de Jesus.

Mas como eles não acharam um meio de levá-la, por causa da multidão, então eles subiram no telhado e por entre as telhas, desceram o leito no meio, de frente a Jesus. Algo muito significativo estava por acontecer...

E ele, ao ver a fé destas pessoas, disse-lhes:

_*Homem, seus pecados estão perdoados.*

E os escribas e fariseus começaram a discutir, dizendo:

_ *Quem é esse que fala tais ofensas a Deus? Quem pode perdoar pecados, a não ser somente Deus?*

Mas Jesus, conhecendo seus pensamentos, disse-lhes:

_*O que vocês discutem em seus corações? O que é mais fácil dizer ao paralítico: "Seus pecados estão perdoados?" Ou dizer: "Levante-se, pegue sua cama e ande"? Para que vocês saibam que o Filho do homem tem autoridade na terra para perdoar pecados.* Disse ao paralítico:

_*"Levante-se, pegue o seu leito e vai para sua casa."*

E logo ele se levantou diante deles, pegou o leito em que estava deitado e foi embora para sua casa, glorificando ao Deus.

E todos ficaram muito admirados, glorificaram a Deus e se encheram de medo, dizendo:

_Hoje vimos coisas incríveis!

Marcos – 2

Este trecho nos mostra que devemos ir ao encontro de Jesus, ás vezes somos necessitados de ajuda, mas devemos ser aquele que também ajuda ao próximo, se engajar também na Igreja de Cristo, ajudar a divulgar os planos de Deus. Jesus curou muitas pessoas, mas muitos foram ao seu encontro, acreditando em seus planos. Nós precisamos de Jesus em nossa vida, ele é o único caminho. *(Texto reflexivo do escritor Jean C. de Andrade)*

Felipe ficou perplexo com tudo isto, Jesus estava ouvindo pensamentos e realizando maravilhas, o paralítico foi curado, fez tudo isto com a autoridade do filho de Deus.

Capítulo IV

O Centurião e o Servo

(Em verdade vos digo: não encontrei semelhante fé em ninguém de Israel).

Com a casa de Jesus em Cafarnaum, o vilarejo dos pescadores passou a ser a capital do reino messiânico do Evangelho.
Das ruínas desta cidade, duas coisas se destacaram: a casa de Simão Pedro e o edifício da Sinagoga do Centurião romano.

> Jesus realizou vários milagres em Cafarnaum (Mateus 8:5 -17; Marcos 1:21 – 28; Marcos 2:1 – 13; João 4:46 – 54; etc.) e aí ensinou frequentemente (cf. João 6:24 – 71; Marcos 9:33 – 50).Na verdade, ficou conhecida como quartel-general e foi chamada a sua cidade (Mateus 9:1; cf. Marcos 2:1).Contudo, apesar do real impacto do seu ministério entre o povo, este acabará por se afastar, por isso, Jesus predisse a completa destruição da cidade (Mateus 11:23 – 24; Lucas 10:15).

Em uma tarde normal, aconteceu um susto, foi quando um soldado centurião veio a cavalo, ao encontro dos que seguiam Jesus, parando bem em frente ao Senhor.

Todos ficaram apreensivos, mas após este momento, a calma fez parte daquele momento, após um simples gesto de Jesus.

O centurião veio a ele e lhe fez esta súplica: _ *Senhor, meu servo está em casa, de cama, paralítico e sofre muito.* Disse-lhe Jesus: _ *Eu irei e o curarei.*

Mas o Centurião Respondeu:

_Senhor, eu não sou digno de que entreis em minha casa. Dizei uma só palavra e meu servo será curado. Pois eu também sou um subordinado e tenho soldados às minhas ordens. Eu digo a um: Vai, e ele vai; a outro: Vem, e ele vem; e a meu servo: Faze isto, e ele o faz...

Ouvindo isso, cheio de admiração, disse Jesus aos presentes:

_Em verdade vos digo: não encontrei semelhante fé em ninguém de Israel.

Por isso, eu vos declaro que multidões virão do Oriente e do Ocidente e se assentarão no Reino dos céus com Abraão, Isaac e Jacó, enquanto os filhos do Reino serão lançados nas trevas exteriores, onde haverá choro e ranger de dentes.

Depois, dirigindo-se ao centurião, disse:

_ *Vai, seja-te feito conforme a tua fé.*

Na mesma hora o servo ficou curado.

MT 8, 5-13

As promessas de Deus a Abraão não era apenas para ele, mas para toda a sua descendência; e a descendência de Abraão são todos os que, pela fé, se virão a tornar membros do povo de Deus. Assim o declarou Jesus, quando, no centurião, encontrou alguém que, não sendo descendente de Abraão segundo a carne, pois que era pagão, se tornou tal pela fé, enquanto que os que eram da descendência carnal de Abraão seriam lançados fora por não aceitarem na fé a palavra que Jesus lhes anunciava. (Extraído do site Homilia Diária - Canção Nova)

Ao ouvir isto, Jesus se admirou dele e, voltando-se para a gente que o seguia, disse:

_*"Nem em Israel encontrei tanta fé"*.

Ao voltar para casa, os enviados encontraram o criado são, embora nenhum dos dois interlocutores do colóquio à distância, Jesus e o Centurião se conhecessem, há, não obstante, um diálogo muito próximo, porque a fé do suplicante e a palavra eficaz de Jesus encurtam o espaço físico.

O Centurião romano admira a pessoa e o poder sobrenatural de Jesus e o Senhor por sua vez, faz elogios à sua fé.

Grande maturidade humana em ambas as personalidades, pois uma das qualidades que engrandecem uma pessoa é a sua capacidade de reconhecer os gestos nobres dos outros, demonstrando assim sensibilidade para apreciar os valores.

Felipe se empolgava cada vez mais com o que via e ouvia de Jesus. Estava ele aprendendo com o Mestre da vida...

Cada parada, um fato novo, acabara de presenciar um soldado que na época era muito temido por todos, o mesmo pedir ajuda para Jesus, pedir para que curasse seu servo.

Apenas com uma palavra, tamanha fé, Felipe nunca havia visto.

E continuou a seguir este homem com imensa curiosidade, saber o que ele pretendia realmente, Assim, Felipe, um garoto pobre, sem fé, mas que estava sendo transformado, moldado por Cristo, por fatos que presenciava e palavras que ouvia, com pessoas com as quais convivia. Estava ele sentindo algo que jamais imaginava sentir...

*Será o amor de Deus?*
*O Deus de que tanto falam?*
_ *"Não quero, não posso me decepcionar"!*

Pensava ele em seu íntimo.

Capítulo V

A Ressurreição de Lázaro

(Quem é este do qual até a morte obedece)?

Seguindo Jesus há muitos dias, sem se dar conta do tempo, nem das horas, Felipe continuava a sua peregrinação.

Só tinha em mente a vontade de provar para si mesmo que Jesus era um falsário, algo que até ele mesmo já estava duvidando...

_*"Estarei por perto quando ele errar em algum fato, em algum momento ele cairá e provarei sua falsidade."*

Refletia Felipe, mas sem que percebesse, já estava se tornando uma boa pessoa, pois em seu íntimo, conhecia pouco a pouco o Cristo Senhor, aquele que caminhava à sua frente...

Em um momento da estrada, eis que uma pessoa se aproxima de Jesus e lhe traz uma triste notícia. Lázaro, seu amigo, está muito doente e pode morrer a qualquer momento.

Lázaro era da aldeia de Betânia, irmão de Marta e de Maria, aquela que tinha ungido o Senhor com perfume e lhe tinha enxugado os pés com os cabelos.

Sabendo que Jesus estava na região, as irmãs enviaram um mensageiro a ele, com esse recado:

_"Seu amigo Lázaro está muito doente."

Recebendo o recado Jesus disse:

_*Esta doença não é mortal, mas é para a glória de Deus, para que por ela seja glorificado o Filho do homem.*

Jesus era amigo de Marta, de sua irmã e de Lázaro.

Entretanto, depois de ouvir dizer que ele estava doente, ficou ainda dois dias no local onde se encontrava.

Depois disse aos discípulos:

_*Vamos de novo para a Judéia.*

Os discípulos disseram-lhe:

_*Mestre, ainda há pouco os judeus procuravam apedrejar-te e voltas para lá?*

Jesus respondeu:

_*Não são doze as horas do dia? Se alguém andar de dia, não tropeça, porque vê a luz deste mundo.*

Mas se andar de noite, tropeça, porque não tem luz consigo.

Dito isso, acrescentou:

_*O nosso amigo Lázaro dorme, mas eu vou despertá-lo.*

Disseram então os discípulos:

_ *Senhor, se dorme, está salvo.*

Jesus referia-se à morte de Lázaro, mas eles entenderam que falava do sono natural, do mesmo modo, o garoto Felipe o entendeu.

Disse-lhes então Jesus abertamente:

_*Lázaro morreu; por vossa causa, alegro-me de não ter estado lá, para que acrediteis, mas, vamos ter com ele.*

Tomé, chamado Dídimo, disse aos companheiros:

_*Vamos nós também, para morrermos com ele.*

Ao chegar, Jesus encontrou o amigo sepultado havia quatro dias.

Betânia ficava a uma distância de Jerusalém, cerca de três quilômetros.

Muitos judeus tinham ido visitar Marta e Maria, para lhes apresentar condolências pela morte do irmão.

Quando ouviu dizer que Jesus estava por chegar, Marta saiu ao seu encontro, enquanto Maria ficou sentada em casa.

Marta disse a Jesus:

_*Senhor, se tivesses estado aqui, meu irmão não teria morrido. Mas sei que, mesmo agora, tudo o que pedires a Deus, Deus o concederá.*

Disse-lhe Jesus:

_ *Teu irmão ressuscitará.*

Marta respondeu:

_*Eu sei que há de ressuscitar na ressurreição, no último dia.*

Disse-lhe Jesus:

_Eu sou a ressurreição e a vida, quem acredita em mim, ainda que tenha morrido, viverá.

E todo aquele que vive e acredita em mim, nunca morrerá. Acreditas nisso?

Disse-lhe Marta:

_Acredito Senhor que Tu és o Messias, o Filho de Deus, que havia de vir ao mundo.

Dito isso, retirou-se e foi chamar Maria a quem disse em segredo:

_O Mestre está ali e manda-te chamar.

Logo que ouviu isso, Maria levantou-se e foi ter com Jesus, ele ainda não tinha chegado à aldeia, mas estava no lugar em que Marta viera ao seu encontro.

Então os judeus que estavam com Maria em casa para lhe apresentar condolências, ao verem-na levantar-se e sair rapidamente, seguiram-na, pensando que se dirigia ao túmulo para chorar.

Quando chegou onde estava Jesus, Maria, logo que o viu, caiu-lhe aos pés e disse-lhe:

_Senhor, se tivesses estado aqui, meu irmão não teria morrido.

Jesus, ao vê-la chorar, e vendo chorar também os judeus que vinham com ela, comoveu-se profundamente e perturbou-se.

Depois perguntou*: _Onde o pusestes?*

Responderam-lhe:

_Vem ver, Senhor.

E Jesus chorou.

Diziam então os judeus:

_Vede como era seu amigo.

Mas alguns deles observaram:

_Então ele, que abriu os olhos ao cego, não podia também ter feito que este homem não morresse?

Entretanto, Jesus, intimamente comovido, chegou ao túmulo, Felipe também o acompanhava junto aos seus amigos, era uma gruta, com uma pedra posta à entrada, típica sepultura destes tempos.

Disse Jesus:

_Tirai a pedra. Mas Marta, irmã do morto, respondeu:

_Já cheira mal, Senhor, pois morreu há quatro dias.

Disse Jesus:

_Eu não te disse que, se acreditasses, verias a glória de Deus? Tiraram então a pedra. Um odor muito forte se apoderou dos ares, muitos levaram as suas mãos ao rosto, de forma a proteger-se do mal cheiro...

Jesus, levantando os olhos ao céu, disse:

_ Pai, dou-te graças por me teres ouvido, eu bem sei que sempre me ouves, mas falei assim por causa da multidão que nos cerca, para acreditarem que tu me enviaste.

Dito isto, bradou com voz forte:

_Lázaro, vem para fora.

O morto saiu de mãos e pés enfaixados com ligaduras e o rosto envolvido num sudário.

Disse-lhes Jesus:

_ Desligai-o e deixai-o ir.

Então, muitos judeus, que tinham ido visitar Maria, ao verem o que Jesus fizera, acreditaram nele.

João 11- 1 á 45

O tema central texto evento é a vida. Vida que foi restituída a Lázaro e que está ligada à amizade, ao amor fraterno, a compaixão, atitudes cristãs que estão presentes na glorificação de Deus, que é o destino dos homens e mulheres que creem verdadeiramente. A vida verdadeira, que o Cristo trouxe, tem face humana e face divina, que se misturam.

A ressurreição de Lázaro é um dos maiores sinais de Jesus. Jesus, assim, vai manifestando a sua filiação divina, seu poder messiânico, sua missão salvadora, e provoca, cada vez mais, a admiração, a fé, o testemunho daqueles que são beneficiados pela sua ação evangelizadora. O próprio Evangelista João anuncia que Jesus fez muitos outros sinais, e que estes sinais foram escritos para que creiais que Jesus é o Cristo, o Filho de Deus, e para que, em crendo, tenhais a vida" (Jo 20,30-31).

Assim, poderíamos afirmar que a vida do homem é a razão de ser da encarnação de Jesus. Os milagres e sinais de Jesus foram efetuados para destacar a Vida Plena, a vida que só ele pode nos dar. (Reflexão extraída do site Homilia Diária - Canção Nova)

Felipe estava perplexo com o que acabara de ver, como estava seguindo Jesus já fazia algum tempo, estava junto deles neste mesmo local onde se encontrava Lázaro e até imaginou que seria uma brincadeira de mau gosto, pois no exato momento, quando Jesus disse para que Lázaro saísse de seu sepulcro, disse a si mesmo:

Como pode brincar desta maneira com o sentimento de uma família que acabou de perder seu ente querido?

Sabia que Jesus iria cometer uma falha, onde já se viu ressuscitar um morto?

Por um momento Felipe voltou a ser o mesmo de sempre, incrédulo e maldoso, mas qual não foi seu susto ao ver Lázaro saindo da sepultura todo enrolado em faixas e caminhando com certa dificuldade?

Pensou até em correr de medo, mas as pernas não obedeceram ao seu comando, e seus olhos se arregalaram ao ver tão grandioso fato.

Pessoas ao seu redor estavam do mesmo modo, assustadas com o que haviam presenciado naquele momento.

"_Será"?
Disse Felipe assustado!
"_Não é possível o que estou vendo!"
"_Até a morte lhe obedece?"
"_Será mesmo o filho de DEUS?"

Realmente, Felipe estava indeciso e perdido em seus pensamentos, seria mesmo o filho de Deus, ou somente um curandeiro, um feiticeiro?

Ideias absurdas passavam por sua cabeça, menos a mais plausível, a presença do Messias tão esperado por todos.

O fato de ressuscitar Lázaro, foi demais para sua cabeça sem fé, seu orgulho em aceitar estar errado.

Enquanto caminhava, ainda pensava que teria explicação, uma lógica para isso tudo, seria um teatro? Ora! Lázaro era o seu amigo, poderiam ter combinado e armado tudo aquilo!

Com esses pensamentos, continuava o seu caminho, logo atrás de Jesus, pelas estradas.

Já estava no meio de todas as pessoas, estrada a fora.

Anoitecia e ele estava um pouco mais perto de Jesus, pois, a curiosidade já o sufocava e o desejo de saber mais sobre esse misterioso homem era muito forte.

Capítulo VI

Outra Parábola

(Sonhou com Jesus e a calma se apoderou de seu corpo e mente e foi a noite mais tranquila que ele já teve).

E Jesus, sempre sorridente, contava histórias, brincava com seus amigos e também os instruía á todo o momento, fosse com palavras ou com gestos de carinho e amor.

Felipe nunca havia visto uma pessoa tão calma e harmoniosa em sua vida, a ponto de começar a conquistá-lo de maneira tão incrível. Não conseguia ele se afastar, de maneira alguma, precisava estar por perto, sentir aquela energia extraordinária.

Felipe pensava e refletia, pela primeira vez em sua vida. Em um destes devaneios, Jesus o chama:

_*Felipe chega mais perto de mim!*

Assustado, Felipe se surpreendia a cada momento, não imaginava como esse homem sabia o seu nome, se nunca haviam sido apresentados antes, já era a segunda vez que ele o chamara.

Felipe então chegou mais perto, criou coragem e perguntou:

_*Como sabe meu nome e que o sigo desde minha vila?*

Jesus, com um enorme sorriso, lhe disse:

Ora, Felipe, sei muitas coisas sobre você, sei também que é bom em seu íntimo, deixa de desconfiança rapaz, venha comigo!

Felipe era realmente duro de coração, era difícil para ele acreditar em alguma coisa relacionada com Deus.

Jesus, porém, disse mais uma vez:

Felipe, venha e siga-nos, você vai aprender a confiar em Deus, que o ama, você irá presenciar a história que mudará o mundo, um dia saberá o que lhe digo, e será grande homem na terra de seus pais.

Felipe, perplexo com estas palavras, resolveu ir embora, deixar Jesus e seus seguidores ali, mas não conseguia de modo algum, pois já fora conquistado pelo amor de Cristo e seus feitos incríveis.

Não queria dar o braço a torcer, mas já adquiria uma fé enorme, pois passou a acreditar nos milagres, vendo os olhos meigos de Cristo que entrara em seus pensamentos de tal forma, que ele mesmo não podia explicar.

Ao deitar-se à noite, Felipe não pregava os olhos, só pensava no que havia presenciado no decorrer dos dias, um paralítico voltou à andar, um cego a enxergar e um morto se levantou, voltando a viver. Tais fatos eram demais para a sua mente incrédula.

Que força era esta que ele presenciava no decorrer daqueles dias?

Depois de muito pensar, acabou adormecendo e passou a sonhar com seus pais, sua querida mãe e seu pai já idoso, aqueles que muito maltratava

Lembrou-se de seus furtos e de seus erros, a maldade com todos que lhe queriam somente o bem, enfim, sonhou com Jesus...

A calma se apoderou de seu corpo e de sua mente, e foi a noite mais tranquila que ele já teve.

No outro dia, Jesus, levantando juntamente com os seus discípulos e amigos, continuava sua caminhada...

E como em todas as paradas, o povo o cercava e queriam tocá-lo e beijá-lo, como sempre, Jesus sentava-se em uma pedra e começava a conversar.

Felipe acompanhava, agora de perto, sem mais se esconder, até esboçava alguns sorrisos, juntamente com seus companheiros seguidores de Jesus.

Foi assim que Felipe ouviu mais uma história narrada por ele:

_Certo homem tinha dois filhos:

_O mais moço deles disse ao pai:

Pai, dá-me a parte dos bens que me cabe. E ele repartiu os haveres. Passados não muitos dias, o filho mais moço, ajuntando tudo o que era seu, partiu para uma terra distante e lá dissipou todos os seus bens, vivendo dissolutamente.

Depois de ter consumido tudo, sobreveio àquele país uma grande fome, e ele começou a passar necessidade. Então, ele foi e se agregou a um dos cidadãos daquela terra, e este o mandou para os seus campos a guardar porcos.

Ali, desejava ele fartar-se das alfarrobas que os porcos comiam, mas ninguém lhe dava nada. Então, caindo em si, disse:

Quantos trabalhadores de meu pai têm pão com fartura, e eu aqui morro de fome!

Levantar-me-ei, e irei ter com o meu pai, e lhe direi: Pai, pequei contra o céu e diante de ti;

já não sou digno de ser chamado teu filho; trata-me como um dos teus trabalhadores;

E, levantando-se, foi para seu pai. Vinha ele ainda longe, quando seu pai o avistou, e, compadecido dele, correndo, o abraçou, e beijou. E o filho lhe disse: Pai pequei contra o céu e diante de ti; já não sou digno de ser chamado teu filho.

O pai, porém, disse aos seus servos:

Trazei depressa a melhor roupa, vesti-o, ponde-lhe um anel no dedo e sandálias nos pés;

Trazei também e matai o novilho cevado. Comamos e regozijemo-nos;

Porque este meu filho estava morto e reviveu, estava perdido e foi achado. E começaram a regozijar-se. Ora, o filho mais velho estivera no campo; e, quando voltava, ao aproximar-se da casa, ouviu a música e as danças.

Chamou um dos criados e perguntou-lhe que era aquilo.

E ele informou: veio teu irmão, e teu pai mandou matar o novilho cevado, porque o recuperou com saúde.

Ele se indignou e não queria entrar, saindo, porém, o pai procurava concilià-lo.

Mas ele respondeu a seu pai. Há tantos anos que te sirvo sem jamais transgredir uma ordem tua, e nunca me deste um cabrito sequer para alegrar-me com os meus amigos;

Vindo, porém, esse teu filho, que desperdiçou os teus bens com meretrizes, tu mandaste matar para ele o novilho cevado.

Então, lhe respondeu o pai:

Meu filho, tu sempre estás comigo; tudo o que é meu é teu. Entretanto, era preciso que nos regozijássemos e nos alegrássemos, porque esse teu irmão estava morto e reviveu, estava perdido e foi achado. **(Lucas cap.15 vers. 11 a 32)**

Nesta parábola, o Senhor ensina que uma vida de pecado e de egoísmo, no seu sentido cabal, é a separação do amor, comunhão e autoridade de Deus.

O pecador ou desviado, é como o filho mais jovem da parábola, que, em busca dos prazeres do pecado, desperdiça os dotes físicos, intelectuais e espirituais que Deus lhe deu.

O resultado é desilusão e tristeza e, às vezes, condições pessoais degradantes, e sempre, a falta da vida verdadeira e real que somente se encontra no relacionamento correto com Deus.

Antes de um perdido vir a Deus, ele precisa reconhecer seu verdadeiro estado de escravidão do pecado e de separação de Deus. É preciso voltar humildemente ao Pai, confessar seus pecados e estar disposto a fazer tudo quanto o Pai quiser. É o Espírito Santo quem convence o perdido pecador da sua situação pecaminosa.
(Texto Reflexivo do Escritor Jean C. de Andrade)

Felipe ouvindo essa parábola, se lembrou de seu pai e de sua mãe a quem sempre maltratava, sentiu saudades e remorso pelas grosserias que havia dito a seus pais tempos atrás.

Felipe estava sendo curado por Jesus em seu interior e não se dava conta disso, o que Jesus sempre dizia com parábolas o tocava profundamente e o fazia refletir de seus atos passados.

Nesse momento de sua vida tudo estava se modificando, Felipe tornava-se um homem de bem e começava a se apaixonar por Jesus e suas palavras.

Agora tinha uma necessidade de segui-lo, não mais para desmascará-lo, mas sim para ama-lo, como muitos já estavam.

Jesus era como um psicólogo que curava com palavras e soluções inimagináveis.

Felipe, até então, fora um garoto problemático e maldoso, roubava e brigava e a todo o momento maltratava seus pais e amigos.

A convivência com Jesus foi modificando seu modo de pensar e de agir e, Jesus curava-o de propósito, pois sabia que ele o seguia pelas estradas.

Chegando Jesus à margem do mar da Galileia, se acomoda para descansar e novamente uma multidão o segue de todo lado.

Capítulo VII

A Multiplicação dos Pães

(Cinco pães e dois peixinhos)

Naquela tarde, Jesus, olhando para a multidão que tinha passado o dia todo com ele, pediu que dessem de comer a todos.

Os discípulos não entenderam nada, pois o dinheiro que tinham, era pouco para comprar tanta comida.

André disse:

_Está aqui um menino que tem cinco pães e dois peixinhos. Mas o que é isto para tanta gente?

Jesus mandou que todos sentassem na grama, em grupos, pegou os pães e, depois de agradecer a Deus por eles, deu aos seus discípulos, que os distribuíram para o povo.

Fez o mesmo com os peixes.

Quanto mais pães e peixes repartiam, mais apareciam.

Eram todos mais de cinco mil, além de mulheres e crianças, comeram até não poderem mais e ainda sobraram doze cestas cheias de pedaços de pão e de peixe.

(JO 6,1–13)

No Evangelho de João, na narrativa da última ceia de Jesus em Jerusalém, não há menção à partilha eucarística do pão. A grande ação de Jesus nesta ceia é a de lavar os pés dos discípulos, como exemplo de serviço. Ele apresenta a eucaristia neste episódio da partilha do pão. A mesa da refeição tem lugar na montanha, onde Deus dá os dez mandamentos a Moisés. É o seu novo mandamento, mandamento da partilha, do amor. A figura destaque é um menino, com cinco pães de cevada e dois peixes. Jesus dá graças pela partilha, e ela acontece a partir dos mais humildes. Dentre muitos aspectos que poderia salientar está a prática da caridade da partilha. Jesus nos ensina que a vida é partilha, é um dom que deve ser fomentado. Aliás costuma dizer-se que o pouco partilhado chega para todos. Assim, aconteceu com o milagre da multiplicação. Todos comeram e ficaram saciados. Sem medo de errar ouso afirmar que o milagre só aconteceu porque Jesus tinha em mente o espírito de não despedir o povo com fome, mas sim o de com eles e para eles repartir o pão. Assim você meu irmão. Se não aprender a partilhar com os sem pão, sem roupa sem teto, não terá a verdadeira a alegria de viver no seu dia a dia e nada conseguirá para a verdadeira saciedade. Alías o próprio Jesus diz: há mais alegria em dar do que em receber.

Sem excluir a ação do milagre da multiplicação vejo que a caridade foi um fator primordial na multiplicação dos pães.

Jesus mandou que se formassem grupos e se sentassem porque sabia de algo básico do ser humano: a maioria das pessoas não consegue comer vendo outra pessoa passando fome na sua frente. Imagine você dentro de desse grupo, com comida na sua bolsa. A maioria das pessoas com fome. Você, comeria sozinho ou dividiria uma parte da sua comida com as pessoas mais próximas? Se sim, estás de parabéns. E se não for, é hora de rever seus conceitos. Deus deu a você o que tem para partilhar com os seus irmãos e irmãs. Decida-se, a vida é partilha e doação.

A multiplicação dos pães não é questão do "bla, bla". É na realidade uma questão de Fé! Veja que no Evangelho embora não apareça podemos imaginar a reação dos discípulos quando Jesus mandou que trouxessem os 5 pães e 2 peixes até Ele, na intenção de alimentar aquela multidão de 5 mil homens. Para quem não entende o que é fé, poderia duvidar e dizer será que isso vai dar certo? Mas Jesus como em todos os milagres, Jesus fez a parte d'Ele, e deixou que cada pessoa na multidão também fizesse a sua parte. Essa é a sua vez. Quando todos ao seu redor dizem que aquilo em que você acredita não existe, é preciso que você não desfaleça, vá e aguente firme. Acredite que com Jesus e pela força da oração tudo pode ser mudado. Se a fé de Jesus fosse fraca, Ele nem teria tentado repartir os pães e peixes.

Somos você e eu convidados a viver a eucaristia como partilha concreta da vida na certeza de que com Cristo em Cristo e para Cristo nada é impossível. Por hoje, que saibamos repartir o nosso "pão" e nosso "peixe" com quem está do nosso lado passando fome quem física quer espiritual. (Homilia Diária -Canção Nova)

Capítulo VIII

Uma Lágrima de Felipe

(Chorava ao ver o milagre tão de perto e chorava mais ainda ao se lembrar de sua família e amigos que sempre maltratava).

Felipe mal conseguia mastigar os pães e imaginar de onde estavam aparecendo e como tantas pessoas estavam comendo e se satisfazendo.

Não tinha como negar, Jesus era mesmo o Filho de Deus, que fazia maravilhas bem à sua frente.

Enquanto comia, Felipe deixava cair de seus olhos, suas primeiras lágrimas de emoção, por estar presenciando um milagre dessa magnitude.

Chorava ao ver o milagre tão de perto e chorava mais ainda ao se lembrar de sua família e amigos que sempre maltratava.

Sentia-se envergonhado por ter agido daquela forma tão estúpida.

Chorava ao lembrar das dúvidas para com Jesus, de seus atos tão explícitos, da falta de carinho para com as pessoas.

Mas não era tarde, Felipe agora tinha decidido que seguiria Jesus até o fim do mundo se precisasse, e se considerava também um discípulo do Mestre.

Tinha que segui-lo, pois devia isso aos seus pais, queria aprender mais e mais sobre Jesus e seu reino, queria se tornar um homem de bem, descobrindo assim que, seguindo Jesus, ele conseguiria.

_ *" Este homem mudou minha vida e meu modo de pensar.* Dizia ele:

_ Quero fazer parte de seu reino tão lindo, quero aprender o máximo que puder e ser o que não fui para meus pais, um bom filho.

No momento em que fazia esta reflexão, eis que Felipe vê Jesus fazendo-lhe um sinal com as mãos.

Para que viesse até ele.

_*"Venha comigo e descobrirás as maravilhas que digo".*

E Felipe continuou á seguir Jesus e seus amigos estrada afora.

Capítulo IX

Os Doze Apóstolos

(Doze seguidores, doze amigos)

Caminhando pela estrada, Felipe alcançou outro senhor que também caminhava ali, seguindo Jesus.

O menino então puxou conversa com ele, alguém que já estava seguindo Jesus há algum tempo.

Ele sabia muito da história de Jesus e de seus discípulos.

Felipe quis saber como eles se encontraram e como se deu início a amizade entre eles.

Esse senhor explicou:

_*"E aconteceu que naqueles dias subiu ao monte a orar e passou a noite em oração a Deus. E quando já era dia, chamou a si os seus discípulos e escolheu doze deles a quem também deu o nome de apóstolos: Simão, ao qual também chamou Pedro, e André seu irmão; Tiago (menor) e João, Filipe e Bartolomeu; e Mateus e Tomé, Tiago (maior) filho de Alfeu e Simão chamado o Zelador* e Judas (Tadeu) filho de Tiago e Judas Iscariotes". LC:6 12-16

_Então foi Jesus que chamou cada um deles?
Perguntou Felipe!
_Sim! O próprio Jesus os escolheu um por um!
Disse o senhor que conversava com o garoto Felipe.
_Mas como Jesus os conheceu e o que eles faziam antes de conhecê-lo?
Perguntava novamente cheio de dúvidas!
E o senhor que ali estava, realmente sabia muito da história, pois o acompanhava há muito tempo e sabia da vida de cada um dos apóstolos de Cristo, contando a Felipe no momento em que caminhavam pela estrada:

> Pedro
> _ É Irmão do Apóstolo André, era um pescador no mar da Galiléia, mais precisamente da cidade de Cafarnaun. Seu nome era Simão, mas recebeu de Jesus o sobrenome de Pedro ou Cefas, que significa pedra em grego e hebraico, respectivamente.

André:
_Foi o primeiro dos doze a ser chamado por Jesus.
Era irmão de Pedro e também pescador. Antes de seguir o Mestre, era discípulo de João Batista.

João Evangelista:
_Filho de Zebedeu e irmão de Tiago, o Maior Ambos e mais Pedro participaram do círculo mais íntimo junto a Jesus.

Tiago, o Maior:
_Pescador, irmão de João, o Evangelista, também filho de Zebedeu.

Filipe
_ Olha só, quase um xará seu, Filipe era natural de Betsaida, uma cidade da Galileia, ele foi chamado por Jesus para ser seu seguidor, perdeu o pai exatamente na ocasião em que conheceu o Divino Mestre e tornou-se o quinto apóstolo na hierarquia de Cristo.

Tiago, o Menor:
_Filho de Alfeu, conhecido também como Zebeu.

Mateus:
_Também chamado de Levi, filho de Alfeu. Era publicano, ou cobrador de impostos, classe muito odiada.

Tomé:
_Também chamado Dídimo ou Gêmeo é o terceiro apóstolo em idade depois de Pedro.

Judas Iscariotes:
_Judas de Kerioth, localidade da Judéia. Ele toma conta do dinheiro, dos discípulos todos, particularmente não gosto muito dele, me parece meio materialista e afobado com os ensinamentos de Jesus, mas é só uma impressão minha (Disse o senhorzinho na explicação).

Judas Tadeu
_Também chamado Lebeu Tadeu, é um dos doze citados nominalmente Contam as tradições que trabalhou na Mesopotâmia e na Pérsia.

Bartolomeu
_Também chamado de Natanael. Um fato interessante ocorreu quando Filipe o comunicou que havia encontrado o Messias, e que esse

provinha de Nazaré, ao que Natanael respondeu dura e preconceituosamente: "De Nazaré pode vir alguma coisa boa?" (Informação Jo 1, 46).

<u>Simão, o zelote</u>
_Este era chamado assim porque pertencia a uma seita chamada de "Os Zelotes, ou zeladores", que lutava para a libertação de Israel dos Romanos. Seita ultranacionalista e não religiosa. Informação – (Bíblia online)

_Nossa, como sabe tanto assim sobre eles? Entusiasmado, perguntou Felipe!

E o senhor com sapiência explicava:

_Muitos deles eu conheci pessoalmente e estava lá no dia em que Jesus os escolheu, um a um para que o seguisse, achei muito bonito, confesso que naquele momento, também senti uma vontade enorme de segui-lo.

Atento, Felipe seguia perguntando:

_E aconteceram mais milagres antes?

_Dizem que sim! Eu não pude ver todos, mas ouvi comentários de que um dia estava no barco de Pedro e Jesus dormia enquanto eles pescavam, quando sem mais nem menos, um furacão os pegou em alto mar, todos se desesperaram, por medo do barco afundar, eis que acordaram Jesus e disseram:

_Mestre! Mestre! Vamos morrer!

_E Jesus com essa calma que estamos acostumados a ver, se levantou e disse ao vento:

_ Silêncio! "Fique quieto"!

_E o vento imediatamente parou, e tudo ficou calmo.

_E Jesus ainda perguntou:

_Por que é que vocês são assim tão medrosos? Vocês ainda não têm fé?

_E os discípulos, cheios de medo, diziam uns aos outros:

_Que homem é esse que manda até no vento?

_Realmente ele não é um homem comum!

Felipe cada vez mais impressionado seguia perguntando sobre o Mestre dos Mestres:

_E quais milagres ele já fez antes que eu estivesse com ele?

E o senhor conhecedor, explicava com alegria no olhar:

_Ora, dizem que o primeiro foi transformar a água em vinho, em uma festa de casamento em que ele estava, junto com sua mãe Maria.

_Dizem que ele nem queria fazer nada, pois não era ainda hora, mas por insistência de sua mãe, ele o fez.

Parece-me, não tenho certeza, que foi em Caná da Galiléia.

_Depois desse primeiro milagre, ele começou sua jornada com trinta anos, e hoje estamos aqui seguindo esse Senhor Jesus.

_ *E você? Porque o segue Felipe?*

Felipe já não sabia o que responder, parecia que tudo que ele havia feito até aquele momento, teria sido errado.

_*Não sei! Não consigo explicar! No começo eu o seguia por curiosidade e desconfiança, queria provar que tudo era mentira, que era uma farsa! Mas depois de presenciar e ouvir tudo isso, não sei mais por qual razão estou seguindo-o, acho que também o amo!*

Com um sorriso, o sábio senhor respondeu:

_*Com certeza, Felipe, você o ama, pois ele é realmente quem diz ser, ele é maior que tudo, e o mundo mudará depois de sua vinda, tenho certeza!*

No momento em que caminhavam e conversavam, Jesus olhava para trás e com um leve sorriso, continuava seguindo em frente...

Em suas paradas para descanso, sentavam-se e conversavam alegremente, Jesus ria, em alguns momentos falava sério, em outros, brincava e contava anedotas e todos se divertiam com ele.

Era uma intimidade incrível, quem não gostaria de estar ao lado de Cristo em uma caminhada?

Suas palavras eram o combustível de força para caminhar, por mais longa que fosse a estrada.

Jesus era um homem incrível, de muita energia, muito alegre e sorridente, brincalhão, um amigo, um jovem inteligente, algo que seduzia quem do seu lado parasse.

Felipe descobriu isso enquanto convivia com ele, caminhando ao lado do filho de Deus, realmente era uma pessoa diferenciada dos demais, era especial.

Mas no meio de tantas pessoas alegres, existia um meio rabugento, mal-humorado, sim, Judas.

Judas queria que Jesus cobrasse das pessoas, para serem curadas, para ter acesso ao Mestre, até para tocar no Mestre.

Judas queria que Jesus se rebelasse contra as autoridades e conquistasse o Governo.

Ele não entendia os verdadeiros motivos da vinda de Jesus, pobre Judas, não sabia de nada, só pensava em ganhar dinheiro com os dons do Mestre e conquistar o poder.

Quantos Judas conhecemos nos dias de hoje? Muitos estão dentro das igrejas também...

Quando Jesus lhe dizia que esse não era o plano de seu pai ele se fechava e se distanciava a reclamar.

Era muito ingênuo esse Judas Iscariotes.

_*Conhecendo-o de perto, acho que até criará algum problema para Jesus,* Pensava Felipe!

Ao vê-lo, Felipe percebia que se tratava de uma pessoa em quem Jesus não podia confiar tanto assim, a história todos nós já sabemos...

Jesus fazia muitos milagres, seus feitos já eram notórios pelos quatro cantos do país.

Tamanha era a sua fama, que pessoas vinham de longe para vê-lo, trazendo doentes e paralíticos para serem curados por ele, com carinho, Cristo os curava.

Não somente o físico, mas também suas almas tristes e sem perspectivas.

O tempo todo seguindo Jesus por estradas e vales, empolgado com tudo que acontecia ao seu redor, Felipe já não era mais incrédulo, estava confiante e apaixonado por Jesus.

Seu coração doía no peito de tanta força que batia, pois batia de ansiedade por ver o que mais Jesus poderia fazer nos dias que estavam por vir.

Felipe estava ali, assistindo a tudo, era o garoto que se tornou um espectador dos milagres de Jesus e de suas palavras cheias de sabedoria.

Naquele mesmo dia, Jesus, tendo saído de uma cidade, sentou-se perto do mar e uma grande multidão se aglomerou ao seu redor, por isso ele subiu num barco, sentou-se e falou:

_O semeador saiu a semear; e, enquanto semeava, uma parte da semente caiu ao longo do caminho. Vindo os pássaros do céu a comeram.

_Outra caiu nos lugares pedregosos onde não havia muita terra; e logo nasceu porque a terra onde estava não tinha profundidade. Mas o Sol tendo se erguido em seguida, a queimou; e, como não tinha raízes, secou.

_Outra caiu nos espinheiros, e os espinhos, vindo a crescer, a sufocaram.

_Outra, enfim, caiu em boa terra, e deram frutos, alguns grãos rendendo cento por "um" outros sessenta e outros trinta.

"Que ouça aquele que tem ouvidos para ouvir".

(Mateus, cap. 13, 1 a 9)

Mais um ensinamento valioso na caminhada com Jesus, Felipe já estava até compreendendo com perfeição as parábolas de Jesus, ouvindo atentamente concluía desta forma:

_Todo aquele que ouve a palavra do reino e não lhe dá atenção, o espírito maligno vem e arrebata o que havia sido semeado em seu coração; é aquele que recebeu a semente ao longo do caminho.

_Aquele que recebeu a semente no meio das pedras, é o que escuta a palavra, e que a recebe na hora mesmo com alegria; mas não tem em si raízes, e não está senão por um tempo; e quando sobrevêm os obstáculos e as perseguições por *causa da palavra, a toma logo como um objeto de escândalo e de queda.*

_Aquele que recebe a semente entre os espinhos, é o que ouve a palavra; mas em seguida, os cuidados deste século e a ilusão das riquezas sufocam em si essa palavra, e a torna infrutífera.

_Mas aquele que recebe a semente numa boa terra, é aquele que escuta a palavra, que lhe presta atenção e que dá fruto, e rende cento, ou sessenta, ou trinta por um.

Felipe estava certo e orgulhoso de si mesmo, eufórico, pois estava entendendo realmente o que Jesus estava dizendo, seu coração estava em Cristo, um coração que antes era de pedra, agora era repleto do amor.

Muitos não entendiam o porquê, de estar seguindo aquele homem dia após dia, mas as palavras e como elas eram ditas, conquistavam qualquer um, muitos ao ponto de abandonar suas coisas para trás e caminhar junto à Jesus.

Felipe era um deles, no começo caminhava para provar que Jesus era um aproveitador, ou seja, que estava mentindo para todos.

Mas no decorrer dos dias e presenciando todas as maravilhas que Jesus estava realizando, eis que Felipe foi se convertendo incrivelmente de modo a lembrar a todo instante de seus pais, a quem tanto maltratava.

Em alguns momentos, chorava de arrependimento, por lembrar-se de suas grosserias para com sua inocente mãezinha.

E quantas vezes esnobava e aborrecia seu querido pai, que só queria o seu bem.

E tudo estava diferente na cabeça de Felipe, tudo fazia sentido, percebeu enfim que estava muito errado, ele vivia completamente cego, mas cego para a verdade.

Jesus estava ciente de tudo isto, e o chamava a todo instante:

-*Venha Felipe! Temos muito que andar ainda!*

Fazendo um pequeno sinal com as mãos...

Em seu coração, Felipe estava radiante com o que Jesus lhe proporcionava.

Nunca havia sido apresentado àquele homem, porém, ele o conhecia e o chamava pelo nome. Como era possível? Já não era mais um mistério.

Somente sendo mesmo o filho querido de Deus, um Deus que seus pais sempre lhe falavam e que ele nunca acreditara se realmente existia.

Enquanto pensava em tudo isso, Jesus resolveu dar mais uma parada, até para descansar, pois já estavam andando há algum tempo.

Capítulo X

O Rico e o Pobre Lázaro

(Se não ouvem a Moisés e aos profetas tão pouco se deixarão persuadir, ainda que ressuscite alguém dentre os mortos).

Parando bem em baixo de uma linda árvore, com uma imensa sombra, Jesus sentou-se em uma pedra e centenas de pessoas foram chegando pouco a pouco, pois queriam ouvi-lo e mesmo tocá-lo.

Jesus então começou a contar outra parábola, era sobre o rico e o mendigo Lázaro:

" _*Havia um homem rico, que se vestia de púrpura e de linho finíssimo, e que todos os dias se regalava esplendidamente. Havia também certo mendigo, chamado Lázaro, coberto de chagas, que estava deitado ao seu portão, desejoso de fartar-se com migalhas que caiam da mesa do rico, mas ninguém lhes dava; e os cães vinham lamber-lhe as úlceras. Morreu o mendigo e foi levado pelos anjos para o seio de Abraão. Morreu também o rico, e foi sepultado. No Hades, estando em tormentos, levantou os olhos e viu ao*

longe Abraão e Lázaro no seu seio e clamou: "Pai Abraão, tem compaixão de mim! E manda Lázaro que molhe a ponta do seu dedo e me refresque a língua porque estou atormentado nesta chama!"
Mas Abraão respondeu:
"_Filho, lembra-te de que recebeste os teus bens na tua vida e Lázaro do mesmo modo os males; agora, porém, ele está consolado, e tu em tormentos. Demais, entre nós e vós está firmado um grande abismo, de modo que os que querem passar daqui para vós não podem, nem os de lá passar para nós."
Ele replicou:
_ Pai, eu te rogo, então, que os mandes à casa de meu pai (pois tenho cinco irmãos) para avisá-los a fim de não suceder virem eles também para este lugar de tormento! Mas Abraão disse:
_Eles têm Moisés e os profetas; ouçam-nos.
Respondeu ele:
_Não, Pai Abraão, mas se alguém for ter com eles dentre os mortos, hão de se arrepender.
Replicou-lhe Abraão:
_Se não ouvem a Moisés e aos profetas tão pouco se deixarão persuadir, ainda que ressuscite alguém dentre os mortos. (Lucas, Cap. XVI, v. 19-31).

Depois de mais uma parábola de Jesus, todos ficavam impressionadíssimos e se perguntavam a todo instante, o que significaria realmente.

Este ensino e a proclamação da Lei da Caridade, cuja execução é imprescindível para todos os que se abrigam sob o seu pálio santo, como também para os que fogem aos seus generosos convites.

O Rico e o pobre Lázaro personificam a humanidade, sempre rebelde aos ditames da Luz e da Verdade.

O Rico gozou no mundo e sofreu no Espaço; o Lázaro sofreu no mundo e gozou no Espaço.

O rico que se vestia de púrpura e que todos os dias se regalava esplendidamente, é o símbolo daqueles que querem tratar da vida do corpo e esquecem-se da vida da alma.

São os que buscam a felicidade no comer, no beber e no vestir; são os que se entregam a todos os gozos da matéria, são os egoístas que vivem unicamente para si, os orgulhosos que, entronados nos altares das paixões vis, da vaidade, da soberba, não veem senão o que lhes pode saciar a sede de prazeres, não cultivam senão a luxúria que mata os sentimentos afetivos e anula os dotes de coração. *(Texto reflexivo do escritor Jean C. de Andrade inspirado na Homilia Diária)*

Felipe via que em cada parábola de Jesus, as palavras tinham força e conselhos, e eram muito sérios, pois quem não segue, de fato, eis que perde a salvação.

Felipe, que já estava entusiasmado com Jesus e seus feitos, queria saber muito mais sobre o grande Mestre, que assim o chamavam.

Novamente nesta parada, Felipe conversava mais um pouco com o simpático senhor caminhante...

_ *Como tudo começou? E esse Pedro, quem é ele?*

E o senhor muito simpático e sábio, lhe contou:

Capítulo XI

Simão Pedro

("Senhor, me salva!")

_Simão Pedro, antes de se tornar um dos doze discípulos de Jesus, era um pescador. Simão Pedro teria nascido em Betsaida e morava em Cafarnaum.

Pedro conhece Jesus quando este lhe pediu que utilizasse uma das barcas, de forma a poder pregar a uma multidão de gente que o queria ouvir.

Pedro lavava as redes com Tiago e João, seus sócios, concedeu-lhe o lugar na barca que foi afastada um pouco da margem. No final de sua pregação Jesus disse a Simão Pedro que fosse pescar de novo com as redes em águas mais profundas.

Pedro diz-lhe que tentara em vão pescar durante toda a noite e nada conseguira, mas em atenção ao seu pedido fá-lo-ia.

A pescaria foi um sucesso, que as redes iam arrebentando, sendo necessária a ajuda da barca dos seus dois sócios, que também quase se afundava puxando os peixes.

Pedro prostra-se perante Jesus e diz para que se afastasse dele, já que era um pecador.

Jesus o encorajou a segui-lo, dizendo que o tornaria "pescador de homens".

Simão foi o primeiro dos discípulos a professar a fé de que Jesus era o filho de Deus.

É esse acontecimento que leva Jesus a chamá-lo de Pedro (Pedra Forte). Jesus perguntou aos seus discípulos;

"_ E vós, quem pensais que eu sou?"; ao que Pedro respondeu "És o Cristo, Filho de Deus vivo". Jesus diz então:

"_ Simão, filho de Jonas, és um homem abençoado! Pois isso não foi revelado por nenhum homem, mas pelo meu Pai que está no céu. Por isso te digo: Tu és Pedro, e sobre esta pedra edificarei a minha Igreja e o poder da morte não poderá mais vencê-la. Dar-te-ei as chaves do Reino do Céu, e o que ligares na terra será ligado no céu, e o que desligares na terra será desligado no céu". (Fonte -História de Pedro - Internet)

Também há um fato sobre a citação que retrata o momento em que Jesus anda sobre as águas e socorre o discípulo Pedro. Desesperado...

Afundando nas ondas agitadas!

O que aconteceu com Pedro?

Perguntou afoito Felipe! E o senhor respondia:

Ele e os outros discípulos estavam numa barca atravessando para outra margem. Jesus os vê na barca agitada pelo vento forte "Caminhando sobre o mar" e vai ao encontro deles. Pedro, vendo Jesus, pede-Lhe para ir até Ele "Vem", Jesus diz: Pedro sai do barco e vai andando...Enquanto confiava em Jesus, ele fica de pé sobre as águas! Mas...A "violência do vento redobrou" Pedro teve medo e afunda gritando:_ "Senhor, me salva! "No mesmo instante, Jesus estendeu-lhe a mão, segurou-o e lhe disse": _"Homem de pouca fé, por que duvidaste? "Veja só como nos é dado a mensagem: Ao gritar: "Senhor", Pedro afirma que está diante Daquele que tudo pode sobre terra, céu e mar. Ao gritar - "me salva" - está diante Daquele que se faz Misericórdia, socorrendo a todos que Lhe pedem. Pedro via acontecer isso... Mesmo assim, Pedro tem medo... Na pergunta que faz a Pedro, o Senhor nos ensina que não basta ter confiança quando tudo está tranquilo. Mas manter a fé mesmo na tempestade!... Como nos identificamos com Pedro!_

Mas ele também nos ensina! Ele mostra que o discípulo de Jesus não é aquele que nunca afunda, mas o que sempre volta a confiar. Quantas vezes acontece coisa semelhante conosco!...

Quando as ondas do mar da vida se agitam e parece que nosso barco vai virar...

Ele diz "vem", e até damos passos na sua direção. Mas de repente o vento sopra mais forte, as ondas dos problemas se agigantam... Sim...Clamamos por Jesus. E temos medo... O medo nos paralisa. Impede de percebermos as mãos fortes de Jesus segurando a nossa para não afundarmos. Mas as mãos de Jesus estarão sempre lá, onde necessitarmos delas.

Se estivermos afundando em mares bravios de problemas, mas reconhecermos que Jesus tudo pode, e que acima da nossa pouca fé, está a Sua misericórdia infinita...

Basta gritarmos como Pedro: "Senhor, me salva!" Ele há de segurar nossa mão com a firmeza com que segurou a de Pedro.
_ E nos salvará... Sempre! (Bíblia Online)

Ouvindo atentamente ao Senhor, Felipe faz perguntas:

_Tudo isso aconteceu mesmo?

Perguntou!

_Sim! Tenho certeza! Pois de quem ouvi tenho plena confiança, e por isso tenho forças para segui-lo por toda parte, e vejo que você também tem, não é verdade?

O simpático senhor disse também que no início tinha certa dificuldade em entender alguns ensinamentos do Mestre, mas que com calma e reflexão, tudo fica mais claro.

Preocupado, Felipe pensou muito nas palavras e nos ensinamentos que acabara de ouvir, palavras fortes, pois sabia que do mesmo modo que Jesus conquistava o amor das pessoas, também colecionava o ódio de muitos, pois suas parábolas afrontavam os poderosos da época, ou seja, Reis e Governadores intocáveis, cheios de poder.

Felipe também ouviu de algumas pessoas, que o melhor amigo e quase irmão de Jesus havia sido morto com a cabeça decepada, e isso fazia pouco tempo. Ele estava se referindo a João Batista.

Daí o medo de que acontecesse com o Mestre a mesma crueldade, mas Felipe via nos olhos de Jesus que ele sabia perfeitamente o que estaria por acontecer.

"Porém, Jesus foi para o monte das Oliveiras".

E, pela manhã cedo, voltou para o templo, e todo o povo vinha ter com ele, e, assentando-se, os ensinava.

E os escribas e fariseus trouxeram-lhe uma mulher apanhada em adultério.

E, pondo-a no meio, disseram-lhe:

_*Mestre, essa mulher foi apanhada, no próprio ato, adulterando, e, na lei, nos mandou Moisés que as tais sejam apedrejadas.*

_ *Tu, pois, que dizes?* Isso lhes diziam, tentando-o, para que tivessem de que o acusar.

Mas Jesus, inclinando-se, escrevia com o dedo na terra.

E, como insistissem, perguntando-lhe, endireitou-se e disse-lhes:

_ *Aquele que dentre vós está sem pecado seja o primeiro que atire pedra contra ela.*

E, tornando a inclinar-se, escrevia na terra.

Quando ouviram isso, saíram um a um, a começar pelos mais velhos até o último; ficaram somente Jesus e a mulher, que estava no meio.

E Jesus não vendo ninguém mais do que a mulher, disse-lhe:

_ *Mulher, onde estão àqueles teus acusadores? Ninguém te condenou? E ela disse: Ninguém, Senhor. E disse-lhe Jesus*:

_Nem eu também te condeno; vai-te e não peques mais.

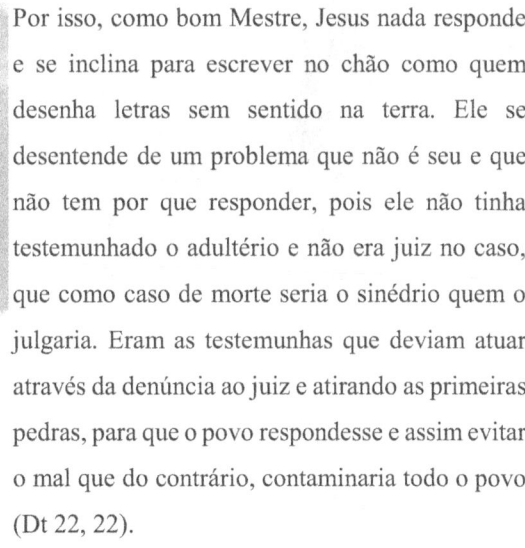

João 8:1-11

Caso Jesus desse uma resposta afirmativa, ele seria condenado pela autoridade romana como executor de uma sentença de morte, à qual não tinha direito; e, portanto, seria punido como um assassino. Caso sua resposta fosse negativa, Jesus seria condenado como quem despreza a lei pátria e seu desprestígio seria máximo entre os judeus ortodoxos, com uma reputação totalmente negativa que o aniquilava como mestre em Israel.

Por isso, como bom Mestre, Jesus nada responde e se inclina para escrever no chão como quem desenha letras sem sentido na terra. Ele se desentende de um problema que não é seu e que não tem por que responder, pois ele não tinha testemunhado o adultério e não era juiz no caso, que como caso de morte seria o sinédrio quem o julgaria. Eram as testemunhas que deviam atuar através da denúncia ao juiz e atirando as primeiras pedras, para que o povo respondesse e assim evitar o mal que do contrário, contaminaria todo o povo (Dt 22, 22).

É costume entre os árabes fazer traços com o dedo quando o que estão escutando não é de seu interesse. É possível que Jesus atuasse em consonância com esta última suposição. Por isso os acusadores insistem.

Para entendermos a resposta de Jesus, devemos buscar precedentes na tradição e na Lei. Já disse que são as testemunhas que deveriam ser as primeiras pessoas a atirar as pedras que deviam ser dirigidas ao coração da vítima para acabar de imediato com sua vida. Quem estiver sem pecado entre vós atire a primeira pedra. Pela resposta de Jesus, naquele tempo os homens adúlteros eram tantos que se deixou de aplicar a lei. E então, suas atitudes estavam em confronto com a posição do Mestre: O sem pecado entre vós seja o primeiro a lhe atirar a pedra. Ninguém esperava esta resposta que respeita a lei e não é um mandato, mas um aviso e uma lição. (Reflexão - Homilia Diária - Site Canção Nova)

Capítulo XII

Caminhando para Jerusalém

(Vocês não sabem o que estão pedindo. Por acaso vocês podem beber o cálice que eu vou beber?)

Quando Jesus estava subindo para Jerusalém, chamou os discípulos para um lado e falou com eles em particular. Enquanto caminhavam, disse-lhe:

_*Escutem! Nós estamos indo para Jerusalém, onde o Filho do Homem será entregue aos chefes dos sacerdotes e aos mestres da Lei. Eles o condenarão à morte e o entregarão aos não-judeus. Estes vão zombar dele, bater nele e crucificá-lo; mas no terceiro dia ele ressuscitará.*

Felipe ainda os acompanhava pela estrada em direção à Jerusalém.

Então, a mãe dos filhos de Zebedeu chegou com os seus filhos perto de Jesus, curvou-se e pediu a ele um favor.

_O que é que você quer?

Perguntou Jesus:

Ela respondeu:

_ Prometa que, quando o senhor se tornar Rei, os meus dois filhos sentarão à sua direita e à sua esquerda?

Jesus disse aos dois filhos dela:

_ Vocês não sabem o que estão pedindo. Por acaso vocês podem beber o cálice que eu vou beber?

_Podemos! Responderam eles. Então Jesus disse:

_ De fato, vocês beberão o cálice que eu vou beber, mas eu não tenho o direito de escolher quem vai sentar à minha direita e à minha esquerda.

Pois foi o meu Pai quem preparou esses lugares e ele os dará a quem quiser. Quando os outros dez discípulos ouviram isso, ficaram zangados com os dois irmãos.

Então Jesus chamou todos para perto de si e disse:

_Como vocês sabem, os governadores dos povos pagãos têm autoridade sobre eles, e os poderosos mandam neles. Mas entre vocês não pode ser assim. Pelo contrário, quem quiser ser *importante, que sirvam os outros, e quem quiser ser o primeiro, que seja o escravo de vocês. Porque até o Filho do homem não veio para ser servido, mas para servir e dar a sua vida para salvar muita gente.*

Mateus 20,17-28

Jesus anuncia a sua morte como consequência de toda a sua vida. Enquanto isso, Tiago e João sonham com poder e honrarias, suscitando discórdia e competição entre os outros discípulos. Jesus mostra que a única coisa importante para o discípulo é seguir o exemplo dele: servir e não ser servido. Na nova sociedade que Jesus projeta, a autoridade não é exercício de poder, mas a qualificação para serviço, que se exprime na entrega de si mesmo para os outros e o bem comum.

Apesar do testemunho de Jesus, os discípulos estavam atrelados aos esquemas mundanos, mostrando-se pouco sensíveis aos ensinamentos do Mestre. O pedido dos filhos de Zebedeu foi uma prova disto. (Homilia Diária -Canção Nova)

Essas palavras que foram ditas em particular a seus discípulos, foram ouvidas pelo garoto Felipe que estava por perto, pois, como sempre, acompanhava tudo que se passava. Era enxerido e curioso como muitos.

Felipe não havia entendido muito bem.

_*Jesus havia dito que seria morto?* "*Será que eu entendi direito*"?* Pensava consigo, Felipe!

_*Não pode ser! Se ele é tão poderoso e filho de Deus como diz a ponto de ressuscitar mortos e curar doentes e paralíticos, como se deixará capturar por soldados?*

Felipe ficou duvidoso sobre o que ouvira do próprio Jesus, também presenciou alguns de seus discípulos querendo lugar de importância em seu reino, e observou que o próprio Jesus os repreendeu...

Felipe percebeu que Jesus estava indo para Jerusalém, estavam quase chegando. Ele estava um pouco temeroso, pois Jerusalém era o local dos poderosos, mas ao mesmo tempo, estava eufórico por ver como Jesus entraria na famosa cidade.

Capítulo XIII

Entrada Triunfal em Jerusalém

(Hosana ao Filho de Davi! Bendito o que vem em nome do Senhor! Hosana nas maiores alturas)

Antes, porém, de entrar em Jerusalém, Felipe que estava acompanhando Jesus ouviu-o dizer:

_ *"Jerusalém, Jerusalém! Que mata os profetas desde Abel, o justo! Quanto ranger de dentes haverá sobre esta geração que não soube reconhecer o momento em que fostes visitada. Não haverá muros que impedirão os exércitos que se abaterão sobre vós!"*,

Quando se aproximaram de Jerusalém e chegaram a Betfagé, ao monte das Oliveiras, enviou Jesus dois discípulos, dizendo-lhes:

_*Ide à aldeia que aí está diante de vós e logo achareis presa uma jumenta e, com ela, um jumentinho. Desprendei-a e trazei-nos.*

_*E, se alguém vos disser alguma coisa, respondei-lhe que o Senhor precisa deles. E logo os enviará. Ora, isto aconteceu para se*

cumprir o que foi dito por intermédio do profeta:

　_Dizei à filha de Sião:

"_Eis aí te vem o teu Rei, humilde, montado em jumento, num jumentinho, cria de animal de carga."

Indo os discípulos e tendo feito como Jesus lhes ordenara, trouxeram a jumenta e o jumentinho.

Então, puseram em cima dela as suas vestes, e sobre ela Jesus montou.

E a maior parte da multidão estendeu as suas vestes pelo caminho, outros cortavam ramos de árvores, espalhando-os pela estrada.

E as multidões, tanto as que o precediam como as que o seguiam, clamavam:

_Hosana ao Filho de Davi! Bendito o que vem em nome do Senhor!

Hosana nas maiores alturas! E, entrando ele em Jerusalém, toda a cidade se alvoroçou e perguntavam:

_Quem é esse?

E a multidão dizia: *_Esse é Jesus, o Profeta de Nazaré da Galileia.* (Mateus 21)

> Com esta passagem penetramos no último ato do drama da vida de Jesus; e é, em realidade, um momento trágico. Era a época da Páscoa, e tanto

Jerusalém como seus arredores estariam lotados de peregrinos. Trinta anos depois um governador romano fez um censo dos cordeiros que se sacrificaram em Jerusalém e descobriu que a cifra se aproximava do quarto de milhão. Agora, a regulamentação de Páscoa exigia que devia haver um grupo mínimo de dez pessoas para cada cordeiro. Se as cifras forem exatas, significa que durante a Páscoa mais de dois milhões e meio de pessoas se dirigiam a Jerusalém. A lei estabelecia que todo varão adulto que vivesse dentro de um raio de trinta quilômetros de Jerusalém devia assistir a Páscoa. Mas não eram só os judeus da Palestina quem assistia a maior das celebrações nacionais. Acudiam judeus provenientes de todos os rincões do mundo. Jesus não pôde ter escolhido um momento mais dramático; entrou em uma cidade que era um enxame de pessoas, cheias de expectativas religiosas. (Fonte – Biblioteca Bíblica)

 Felipe estava eufórico com aquela festa toda que estavam fazendo para receber Jesus, mal acreditava no que estava vendo.

 Pessoas gritavam seu nome, exaltavam com ramos e colocavam suas vestes ao chão para que o jumentinho, que trazia Jesus, passasse por cima delas.

Era realmente esplêndida, uma festa que nunca ninguém daquela cidade havia presenciado.

Felipe se sentia orgulhoso de estar acompanhando aquele povo junto a Jesus e fazendo parte daquele acontecimento lindo.

Mas também estava preocupado, pois Jerusalém abrigava pessoas muito poderosas que não acharam graça nenhuma naquele fato, o fato de estarem exaltando um Rei que vinha montado em um simples jumentinho.

"Seus discípulos, a princípio, não compreenderam isso".

Quando, porém, Jesus foi glorificado, então eles se lembraram de que essas coisas estavam escritas a respeito dele e também do que lhe fizeram. Dava, pois, testemunho disso a multidão que estivera com ele, quando chamou Lázaro do túmulo e o levantou dentre os mortos. Por causa disso, também a multidão lhe saiu ao encontro, pois ouviu que ele fizera este sinal.

Jerusalém era uma cidade grande, a antiga capital dos judeus, nela fora erguido um grande templo.

Pelos costumes, todo mundo que morava num raio de 30 quilômetros deveria participar da festa em Jerusalém.

Na realidade, os peregrinos vinham dos mais distantes lugares e até do exterior.

Peritos estimavam pelo número de cordeiros sacrificados em cada Páscoa, que a população de Jerusalém na época da festa, aumentava para mais de dois milhões de pessoas.

Por falta de hospedarias, os peregrinos chegavam a hospedar-se nas cidades próximas.

Betânia, há poucos quilômetros, era uma delas.

Pode-se imaginar que a ressurreição de Lázaro, assunto que teve grande repercussão na população, tenha incentivado aquela população flutuante a seguir o cortejo de Jesus, lançando vestes e folhas de palmeira no seu caminho e gritando *Hosanas*.

Jesus, mostrando-se agora como o Messias, aproveitou muito bem a presença de tão grande multidão.

Seu significado era "salva-nos agora!". Na realidade, os clamores da multidão nada mais eram do que uma citação de Salmos.

_ *"Oh! Salva-nos, Senhor, nós te pedimos"*. Da mesma forma, a expressão "Hosana nas alturas" deve significar: "que os anjos nas maiores alturas do céu clamem a Deus, salva-nos agora".

É claro que a expressão acabou mudando o seu significado, que é hoje uma exclamação de boas-vindas, assim como "Salve!".

Originalmente, no entanto, era o clamor de um povo oprimido a seu salvador e seu rei.

Em meio a essa gente toda, estava Felipe, caminhando já há dias junto de Jesus e de seus discípulos, sendo ele o espectador dos milagres nunca vistos, estava ciente de que seguia o filho de Deus, não um Deus qualquer, mas o Senhor de todas as coisas, o criador de tudo que existe.

Sabia que a sua presença junto deles teria algum significado, estava presenciando fatos históricos, estava na presença de um ser único, estava na presença do filho do altíssimo, Senhor de todas as coisas.

Felipe estava se sentindo privilegiado e pensava consigo:

_*Acho que serei espectador, da independência de Jerusalém e da salvação do mundo que se dará nesta cidade.*

Nem imaginava Felipe, que Jesus estava entrando em Jerusalém para morrer, pois assim estava escrito, e Jesus sabia tudo que iria passar, pois já havia dito várias vezes a seus discípulos, mas eles não entenderam o que ele havia previsto para o seu futuro.

Também Felipe ouviu, mas não havia entendido o que de fato seria a salvação do mundo.

Judas pensava que Jesus Iria liderar um exército de Anjos guerreiros contra os soldados de Jerusalém e de toda Israel, e que Jesus tomaria o poder, afrontaria os poderosos e corruptos daquela época.

Pensava Judas, que Jesus estabeleceria seu reino aqui na terra, qual não foi a frustração de Judas ao ver Jesus entrar em Jerusalém no lombo de um jumentinho!

Felipe ouviu Judas dizer assim:

_*Mais uma vez Jesus faz tudo errado! Por que entrar em Jerusalém em um jumento e não em um cavalo imponente?*

Realmente ele não sabia de fato os verdadeiros planos de Deus, para com Jesus.

Felipe, vendo o modo com que Judas falava, desconfiava da sinceridade dele para com o Mestre.

Ao olhar para Judas, Felipe não conseguia confiar, mas não tinha assim tanta intimidade com Jesus, para lhe dizer sobre Judas, e pensava:

_*Ora! Se Jesus o escolheu para ser um de seus discípulos quem sou eu para duvidar de sua escolha?*

Mal sabia Felipe que tudo já estava determinado por Jesus, até os mínimos detalhes.

Felipe estava junto deles e percebeu quando uma lágrima brotou dos olhos de Jesus que dizia:

_"Há! Se ao menos neste dia soubesses reconhecer aquele que seria a tua salvação! Dias virão em que os teus inimigos hão de te cercar por todos os lados, te destruirão completamente junto com os que se abrigam dentro de teus muros e não deixarão pedra sobre pedra porque não soubeste aproveitar o tempo da salvação".

LUCAS 19: 41 a 44

Jesus está desapontado, decepcionado diante de uma cidade que não entendeu a sua missão de paz. Ele está triste porque os habitantes de Jerusalém não o reconheceram nem o aceitaram, nem o escutaram, e por isso não se converteram.

Jesus, o próprio Deus feito homem que veio ao mundo escolhendo aquela cidade, trazendo uma mensagem de amor, e acaba sendo odiado por uma parte daquele povo que possuía os corações duros. Cegos que não enxergaram a luz divina na pessoa de Jesus. Um povo que só enxergava os ditames da Lei e os hábitos e costumes da sua cultura. Eles não tinham uma mente aberta a uma nova mentalidade, suas mentes estavam fechadas a Boa Nova trazida pelo Mestre. Por isso Jesus chora diante daquela cidade. (Reflexões Bíblicas)

No dia seguinte, mostrando o templo e suas construções aos discípulos, disse-lhes:

_*"Vede este grandioso edifício? Em verdade vos digo: não ficará pedra sobre pedra".*

Felipe acompanhava a todo instante Jesus e ouvindo essas palavras não entendeu, será que Deus vai destruir Jerusalém? Pensou!

Capítulo XIV

Purificação do Templo

("A minha casa será chamada casa de oração para todos os povos")

Na segunda-feira, Jesus entrou no majestoso templo de Jerusalém.

Ali, presenciou uma cena que o constrangeu, pessoas faziam comércio, vendendo, comprando e trocando dinheiro! Jesus derrubou suas mesas e cadeiras, e expulsou-os, dizendo:

_"A minha casa será chamada casa de oração; mas vós a tendes convertido em covil de ladrões"

(Mateus 21:13).

Cumpria-se a profecia de Isaías:

_*"A minha casa será chamada casa de oração para todos os povos"* (Isaías 56:7). Esta foi à segunda vez que Jesus limpou o templo, sendo a primeira no começo de seu ministério.

(João 2:12-23).

Não é de estranhar que depois de alguns meses os comerciantes e os cambistas tivessem voltado a ocupar o local do qual haviam sido expulsos, porque não seria fácil privá-los de tão lucrativo negócio.

Os animais, cuja perfeição garantida "oficialmente", eram vendidos para servirem como sacrifícios, e as moedas gregas e romanas eram trocados pelo meio ciclo padrão, requerido como imposto no templo.

- Marcos 11:15-19

Jesus entrou em Jerusalém e dirigiu-se ao templo. Observou tudo à sua volta e, como já era tarde, foi para Betânia com os Doze. No dia seguinte, quando estavam saindo de Betânia, Jesus teve fome. Vendo à distância uma figueira com folhas, foi ver se encontraria nela algum fruto. Aproximando-se dela, nada encontrou, a não ser folhas, porque não era tempo de figos. Então lhe disse: "Ninguém mais coma de seu fruto". E os seus discípulos ouviram-no dizer isso. Chegando a Jerusalém, Jesus entrou no templo e ali começou a expulsar os que estavam comprando e vendendo. Derrubou as mesas dos cambistas e as cadeiras dos que vendiam pombas, e não permitia que ninguém carregasse mercadorias pelo templo. E os ensinava, dizendo: "Não está escrito: 'A minha casa será chamada casa de oração para todos os povos'? Mas vocês fizeram dela um covil de ladrões". Os chefes dos sacerdotes e os mestres da lei ouviram essas palavras e começaram a procurar uma forma de matá-lo, pois o temiam, visto que toda a multidão estava maravilhada com o seu ensino. Ao cair da tarde, eles saíram da cidade. (Fonte – Site SolideGloria)

Capítulo XV

A Última Ceia

(Compreendeis o que vos fiz? Dei-vos o exemplo para que o façais uns aos outros como eu vos fiz a vós")

Jesus estava à tarde, somente com seus discípulos, em um lugar reservado onde fariam uma ceia.

Jesus sabia que seria a última ceia aqui na terra, mas os discípulos ainda não entendiam o que Jesus sempre lhes falava.

O menino Felipe, que os acompanhara por todo caminho e curioso como sempre, não estava com eles, para a ceia, mas escondido atrás de uma janela, escutava tudo o que Jesus dizia a seus discípulos.

Na véspera da sua paixão, à tarde, Jesus pôs-se à mesa com os discípulos para comer o cordeiro pascal.

Certo momento levantou-se, colocou água numa bacia e começou a lavar os pés dos discípulos e a enxugá-los com uma toalha. Chegando a vez de Simão Pedro, este disse-lhe:

_"Senhor, vós irás lavar os meus pés?".

Jesus respondeu:

_"O que eu faço tu não o sabes agora, mas irás saber depois".

Disse-lhe Pedro:

_"Não permitirei que o faças".

Jesus respondeu:

_"Neste caso, não terás parte comigo".

Disse-lhe Simão Pedro:

_ "Senhor, se é assim, então não me laveis só os pés, mas também as mãos e a cabeça".

Tendo acabado de lavar os pés de todos os apóstolos, disse-lhes Jesus:

_"Compreendeis o que vos fiz? Dei-vos o exemplo para que o façais uns aos outros como eu vos fiz a vós".

Felipe, ouvindo tudo e não entendendo, continuou a espiar de trás de uma janela de madeira.

Não entendia ainda o que tudo significava, mas sabia que estava sendo testemunha de mais um fato que seria histórico para o mundo, estava presenciando a humildade de Deus para com o ser humano.

Depois da refeição, Jesus tomou o pão, deu graças, partiu-o e deu-o aos discípulos, dizendo:

_"Tomai e comei. Isto é o meu Corpo que é dado por vós".

Da mesma forma, tomou o cálice, deu graças e o entregou aos discípulos, dizendo:

_"Tomai e bebei todos vós. Isto é o meu Sangue, o Sangue da nova e eterna aliança que será derramado por vós e por todos os homens para a remissão dos pecados. Fazei isto em minha memória".

Jesus cumpriu assim a promessa que fizera, quando disse:

_"Eu sou o pão vivo descido do céu. Quem comer deste pão viverá eternamente. O pão que vos darei é a minha própria carne para a vida do mundo. A minha carne é verdadeira comida e o meu sangue é verdadeira bebida. Quem come a minha carne e bebe o meu sangue está em mim e eu nele".

Felipe, ouvindo estas palavras, vinha-lhe à mente o que Jesus dissera antes, falando sempre de sua própria morte, e perguntava a si mesmo:

_Será verdade que o próprio Jesus sabe de sua morte e qual será o momento de acontecer?

No que Felipe ainda pensa, eis que ouve de novo a vós de Jesus a dizer, e se assusta com o que ouve.

Durante a ceia, Jesus disse:

_"Em verdade vos digo: um de vós há de entregar-me".

Os discípulos começaram a olhar uns para os outros, perguntando entre si qual deles faria tal coisa.

João, o discípulo predileto, estava encostado sobre o lado de Jesus. Simão Pedro perguntou-lhe por sinais:

_"De quem ele fala?".

João reclinou-se sobre o peito de Jesus e perguntou-lhe:

_"Senhor, quem será?".

Jesus respondeu:

_"Será aquele a quem eu der um pedaço de pão molhado".

E, molhando o pão, entregou-o a Judas Iscariotes, que logo perguntou:

_"Por ventura serei eu, Mestre?".

Jesus respondeu-lhe:

_"Tu o disseste! O que tiverdes que fazer, faça-o depressa".

Como Judas tinha uma bolsa, alguns julgaram que Jesus lhe dissera:

_"Compra o que for preciso para o dia da festa" ou "Dá algo aos pobres". Judas engoliu o pedaço de pão e Satanás tomou posse dele. Saiu imediatamente. Já era noite.

Judas saiu imediatamente. Era noite. Depois que Judas saiu, disse Jesus:

Daí transcorreu todo um diálogo entre discípulos e Mestre.

_"Agora foi glorificado o Filho do Homem, e Deus foi glorificado nele. Se Deus foi glorificado nele, também Deus o glorificará em si mesmo, e o glorificará logo. Filhinhos, por pouco tempo estou ainda convosco. Vós me procurareis, e agora vos digo, como eu disse também aos judeus: 'Para onde eu vou, vós não podeis ir'".

E nisto se desenrolou o diálogo entre discípulos e Mestre...

Simão Pedro perguntou:

_ *"Senhor, para onde vais?"* Jesus respondeu-lhe: *"Para onde eu vou, tu não me podes seguir agora, mas seguirás mais tarde".*

Pedro disse:

_ *"Senhor, por que não posso seguir-te agora? Eu darei a minha vida por ti!"* Respondeu Jesus: *"Darás a tua vida por mim? Em verdade, em verdade te digo: o galo não cantará antes que me tenhas negado três vezes".*

Felipe, de trás da janela entendeu tudo, e concluiu que Judas o trairia como já tinha desconfiado anteriormente.

Não entendia, porém, porque Jesus se mantinha calmo sabendo quem seria seu traidor e porque Jesus não fugia, e ainda mandou que Judas fizesse o que estava planejando.

Felipe então ficou com medo do que poderia estar por acontecer ainda naquela noite.

De trás da janela, Felipe viu que Judas saiu correndo em direção à cidade, e resolveu segui-lo para ver aonde iria com tanta pressa.

Sem que Judas percebesse, Felipe estava a observá-lo, mas à distância.

Enquanto o observava, viu que Judas estava no Palácio dos Sumos sacerdotes e estava entregando Jesus por apenas trinta moedas de prata.

Felipe vendo aquilo voltou correndo para tentar avisar Jesus do acontecido, mas chegando ao local da última ceia, não encontrou mais ninguém ali.

_Teriam fugido?

Pensou Felipe! Mas estava enganado!

Jesus juntamente com os discípulos, foram para o outro lado da torrente do Cedron. Havia ali um jardim, onde ele entrou com os discípulos, e saindo, foi, como costumava, para o monte das Oliveiras.

E quando chegou àquele lugar, disse-lhes:

_Orai para que não entreis em tentação.

E apartou-se deles cerca de um tiro de pedra, e pondo-se de joelhos orava, dizendo:

_Pai, se queres, afasta de mim este cálice, todavia não se faça minha vontade, mas a tua.

Nesse mesmo momento, apareceu-lhe um anjo do céu que o fortalecia.

E posto em agonia orava mais intensamente.

E seu suor tornou-se grandes gotas de sangue que corriam pelo chão.

E levantando-se da oração, veio para seus discípulos, e achou-os dormindo. De tristeza disse-lhes:

_Por que estais dormindo? Levantai-vos e orai para que não entreis em tentação.

Lucas 22, 39-46

Orando no Getsêmani, Jesus sofreu antecipadamente toda a tensão de sua morte, que já começara naquela triste noite. Ele acabara de ser traído por um de seus discípulos e, tão logo, seria abandonado por todos outros. Ele já sabia que amanheceria o dia seguinte com o corpo surrado de chicotes, que seria cuspido, humilhado, coroado de espinhos e entregue nas mãos de gente cruel e ingrata. Logo, não haveria como Jesus não se preocupar com dia de amanhã e ter serenidade para dormir nessa forte tempestade que caía sobre a sua vida.

Jesus, ao pensar que no dia seguinte ele estaria sendo pregado com pregos que fariam suas mãos sangrar e sua alma gritar toda a dor possível de se sentir, começou a ter pavor. (Site Viver de Louvor)

Capítulo XVI

A paixão de Cristo

(É com um beijo que entregas o filho do homem?)

Judas, o traidor, conhecia o lugar, pois Jesus costumava reunir-se ali com os seus discípulos. Judas levou consigo um destacamento de soldados e alguns guardas dos sumos sacerdotes e fariseus e chegou ali com lanternas, tochas e armas.

Felipe o seguiu as pressas e presenciou os tais fatos...

Então Jesus, consciente de tudo o que ia acontecer, saiu ao encontro deles.

Foi quando Judas deu-lhe um beijo, isto para mostrar aos soldados quem era Jesus e o mestre perguntou-lhe:

-*É com um beijo que entregas o filho do homem?*

E tornou a dizer aos soldados:

_*"A quem procurais?"* Responderam:

— *"A Jesus, o Nazareno"*.

Ele disse:

_*"Sou eu"*.

Judas, o traidor, estava junto com eles.

Quando Jesus disse: "Sou eu", eles recuaram e caíram por terra.

De novo perguntou-lhes:

_"A quem procurais?" Eles responderam:

_"A Jesus, o Nazareno". Jesus repetia a afirmação:

_"Já vos disse que sou eu. Se é a mim que procurais, então deixai que estes se retirem".

Assim se realizava a palavra que Jesus tinha dito:

_ "Não perdi nenhum daqueles que me confiaste".

Simão Pedro, que trazia uma espada consigo, puxou dela e feriu o servo do sumo sacerdote, cortando-lhe a orelha direita.

O nome do servo era Malco.

Então Jesus disse a Pedro:

_"Guarda a tua espada na bainha, não vou beber o cálice que o Pai me deu?"

Então, os soldados, o comandante e os guardas dos judeus prenderam Jesus e o amarraram.

Conduziu-o primeiro a Anás, que era o sogro de Caifás, o Sumo Sacerdote naquele ano. Foi Caifás que deu aos judeus o conselho:

-"É preferível que um só morra pelo povo".

Simão Pedro e outro discípulo seguiam Jesus.

Esse discípulo era conhecido do Sumo Sacerdote e entrou com Jesus no pátio do mesmo.

Pedro ficou fora, perto da porta. Então o outro discípulo, que era conhecido do Sumo Sacerdote, saiu, conversou com a encarregada da porta e levou Pedro para dentro. A criada que guardava a porta disse a Pedro:

_*"Não pertences também tu aos discípulos desse homem?"*

Ele respondeu:

_*"Não".*

Os empregados e os guardas fizeram uma fogueira e estavam se aquecendo, pois fazia frio. Pedro ficou com eles, aquecendo-se.

Felipe estava por perto e observava assustado...

Entretanto, o Sumo Sacerdote interrogou Jesus a respeito de seus discípulos e de seu ensinamento.

Jesus lhe respondia:

_"Eu falei às claras ao mundo. Ensinei sempre na sinagoga e no Templo, onde todos os judeus se reúnem. Nada falei às escondidas. Por que me interrogas? Pergunta aos que ouviram o que falei; eles sabem o que eu disse".

Quando Jesus falou isso, um dos guardas que ali estava deu-lhe uma bofetada, dizendo:

_*"É assim que respondes ao Sumo Sacerdote?"*

Respondeu-lhe Jesus:

_"Se respondi mal, mostra em quê; mas, se falei bem, por que me bates?"

Então, Anás enviou Jesus amarrado para Caifás, o Sumo Sacerdote.

Simão Pedro continuava lá, em pé, aquecendo-se.

Disseram-lhe:

_"Não és tu, também, um dos discípulos dele?"

Pedro negou:

_"Não!"

Então um dos empregados do Sumo Sacerdote, parente daquele a quem Pedro tinha cortado a orelha, disse:

_"Será que não te vi no jardim com ele?"

Novamente Pedro negou, e na mesma hora, o galo cantou.

De Caifás, levaram Jesus ao palácio do governador, era de manhã cedo.

Eles mesmos não entraram no palácio, para não ficarem impuros e poderem comer a páscoa.

Então Pilatos saiu ao encontro deles e disse:

_"Que acusação apresentais contra este homem?"

Eles responderam:

_"Se não fosse malfeitor, não o teríamos entregue a ti!"

Pilatos disse:

_"Tomai-o vós mesmos e julgai-o de acordo com a vossa lei".

Os judeus lhe responderam:

_"Nós não podemos condenar ninguém à morte".

Assim se realizava o que Jesus tinha dito, significando de que morte havia de morrer.

Então Pilatos entrou de novo no palácio, chamou Jesus e perguntou-lhe:

_"Tu és o rei dos judeus?" Jesus respondeu:

_"Estás dizendo isto por ti mesmo ou outros te disseram isto de mim?"

Pilatos falou:

_"Por acaso, sou judeu? O teu povo e os sumos sacerdotes te entregaram a mim. Que fizeste?"

Jesus respondeu:

_"O meu reino não é deste mundo. Se o meu reino fosse deste mundo, os meus guardas lutariam para que eu não fosse entregue aos judeus. Mas o meu reino não é daqui".

Pilatos disse a Jesus:

_"Então, tu és rei?"

Jesus respondeu:

_ "Tu o dizes: eu sou rei. Eu nasci e vim ao mundo para isto: para dar testemunho da verdade. Todo aquele que é da verdade escuta a minha voz".

Pilatos disse a Jesus:

_"O que é a verdade?" Ao dizer isso, Pilatos saiu ao encontro dos judeus, e disse-lhes:

_"Eu não encontro nenhuma culpa nele. Mas existe entre vós um costume, que pela Páscoa eu vos solte um preso. Quereis que vos solte o rei dos Judeus?"

Então, começaram a gritar de novo:

_"Este não, mas Barrabás!"

Barrabás era um bandido, acusado e condenado por vários crimes, muitos com requintes de crueldade.

Então Pilatos mandou flagelar Jesus, os soldados teceram uma coroa de espinhos e colocaram-na na cabeça de Jesus. Vestiram-no com um manto vermelho, aproximavam-se dele e diziam: "Viva o rei dos judeus!" E davam-lhe bofetadas.

Pilatos saiu de novo e disse aos judeus:

_"Olhai, eu o trago aqui fora, diante de vós, para que saibais que não encontro nele crime algum".

Então Jesus veio para fora, trazendo a coroa de espinhos e o manto vermelho.

Pilatos disse-lhes novamente:

Eis o homem!"

Quando viram Jesus, os sumos sacerdotes e os guardas começaram a gritar:

_"Crucifica-o! Crucifica-o!"

Pilatos respondeu:

_"Levai-o vós mesmos para crucificá-lo, pois eu não encontro nele crime algum".

Os judeus responderam:

_"Nós temos uma Lei, e, segundo esta Lei, ele deve morrer, porque se fez Filho de Deus".

Ao ouvir estas palavras, Pilatos ficou muito temeroso, entrou outra vez no palácio e perguntou a Jesus:

_"De onde és tu?"

Mas Jesus ficou calado.

Então Pilatos disse:

_"Não me respondes? Não sabes que tenho autoridade para te soltar e autoridade para te crucificar?"

Jesus respondeu:

_"Tu não terias autoridade alguma sobre mim, se ela não te fosse dada do alto. Quem me entregou a ti, portanto, tem culpa maior".

Por causa disso, Pilatos procurava soltar Jesus.

Mas os judeus gritavam:

_"Se soltas este homem, não és amigo de César. Todo aquele que se faz rei, declara-se contra César".

Ouvindo essas palavras, Pilatos levou Jesus para fora e sentou-se no tribunal, no lugar chamado "Pavimento", em hebraico "Gábata".

Era o dia da preparação da Páscoa, por volta do meio-dia, Pilatos disse aos judeus:

_"*Eis o vosso rei!*" Eles, porém, gritavam:

_"*Fora! Fora! Crucifica-o!*" Pilatos disse:

_"*Hei de crucificar o vosso rei?*"

Os sumos sacerdotes responderam:

_"*Não temos outro rei se não César*".

Então Pilatos entregou Jesus para ser crucificado, e eles o levaram.

João 18, 1 – 19,42

O dramático diálogo com Pilatos mostra Jesus silencioso, enquanto a autoridade, neste momento a serviço do pecado do mundo que cega o povo, decide sua morte e o condena.

Não seria completa a compreensão do mistério de Jesus se não contemplássemos também, como o Apocalipse de João, o Cordeiro glorioso, que está diante de Deus com os sinais das suas chagas, dominador do mundo e da história (Ap 5,6ss); o Cordeiro que se imolou por amor da Igreja e para o qual a Igreja tende cheia de amor. Na cruz se iniciaram as núpcias do Cordeiro, que terão sua realização plena na festa do céu (cf Ap 19,7-9).

Neste dia, "em que Cristo, nossa Páscoa foi imolado" (1 Cor 5,7), toma-se clara realidade o que desde há muito havia sido prenunciado em figura e mistério; a ovelha verdadeira substitui a ovelha figurativa, e mediante um único sacrifício realiza-se plenamente o que a variedade das antigas vítimas significava.

Com efeito, "a obra da Redenção dos homens e perfeita glorificação de Deus, prefigurada pelas suas obras grandiosas no povo da ANTIGA Aliança, realizou-a Cristo Senhor, principalmente pelo mistério pascal da sua bem-aventurada Paixão, Ressurreição de entre os mortos e gloriosa Ascensão, mistério este pelo qual, morrendo, destruiu a nossa morte, e ressuscitando, restaurou a nossa vida. Foi do lado de Cristo adormecido na Cruz que nasceu o admirável sacramento de toda a Igreja". (Homilia Diária -Canção Nova)

Quando tudo isso estava acontecendo em meio ao povo estava Felipe com os olhos em lágrimas tentando entender o que estava acontecendo de fato, em gritarias estava ele no meio da multidão a dizer:

Soltem-no! Soltem-no!

Mas em vão eram seus gritos!

"Jesus tomou a cruz sobre si e saiu para o lugar chamado Calvário", em hebraico "Gólgota". Ali o crucificaram, com outros dois: um de cada lado, e Jesus no meio.

Pilatos mandou ainda escrever um letreiro e colocá-lo na cruz; nele estava escrito: "Jesus Nazareno, o Rei dos Judeus".

Muitos judeus puderam ver o letreiro, porque o lugar em que Jesus foi crucificado ficava perto da cidade.

O letreiro estava escrito em hebraico, latim e grego.

Então os sumos sacerdotes dos judeus disseram a Pilatos:

_ *"Não escrevas 'O Rei dos Judeus', mas sim o que ele disse:*

_ *"Eu sou o Rei dos judeus".*

Pilatos respondeu:

_*"O que escrevi, está escrito".*

Depois que crucificaram Jesus, os soldados repartiram a sua roupa em quatro partes, uma parte para cada soldado.

Quanto à túnica, esta era tecida sem costura, em peça única de alto abaixo. Disseram então entre si:

_*"Não vamos dividir a túnica. Tiremos a sorte para ver de quem será".*

Assim se cumpria a Escritura que diz:

"Repartiram entre si as minhas vestes e lançaram sorte sobre a minha túnica".

Assim procederam aos soldados. Perto da cruz de Jesus, estava de pé a sua mãe, a irmã da sua mãe, Maria de Cléofas, e Maria Madalena.

Jesus, ao ver sua mãe e, ao lado dela, o discípulo que ele amava, disse à mãe:

_"Mulher, este é o teu filho".

Depois disse ao discípulo:

_*"Esta é a tua mãe"*.

Daquela hora em diante o discípulo a acolheu consigo. Depois disso, Jesus, sabendo que tudo estava consumado, e para que a Escritura se cumprisse até o fim, disse:

_ "Tenho sede".

Havia ali uma jarra cheia de vinagre.

Amarraram numa vara uma esponja embebida de vinagre e levaram-na à boca de Jesus.

Ele tomou o vinagre e disse:

_*"Tudo está consumado"*.

E, inclinando a cabeça, entregou o espírito, era o dia da preparação para a Páscoa.

Os judeus queriam evitar que os corpos ficassem na cruz durante o sábado, porque aquele sábado era dia de festa solene.

Então pediram a Pilatos que mandasse quebrar as pernas aos crucificados e os tirasse da cruz.

Os soldados foram e quebraram as pernas de um e depois do outro que foram crucificados com Jesus.

Ao se aproximarem de Jesus, e vendo que já estava morto, não lhe quebraram as pernas; mas um soldado abriu-lhe o lado com uma lança, e logo saiu sangue e água.

Aquele que viu dá testemunho e seu testemunho é verdadeiro; e ele sabe que fala a verdade, para que vós também acrediteis. Isso aconteceu para que se cumprisse a Escritura, que diz:

_"Não quebrarão nenhum dos seus ossos". E outra Escritura ainda diz:

_"Olharão para aquele que transpassaram". Depois disso, José de Arimatéia, que era discípulo de Jesus — mas às escondidas, por medo dos judeus — pediu a Pilatos para tirar o corpo de Jesus. Pilatos consentiu. Então José veio tirar o corpo de Jesus. Chegou também Nicodemos, o mesmo que antes tinha ido a Jesus de noite. Trouxe uns trinta quilos de perfume feito de mirra e aloés. Então tomaram o corpo de Jesus e envolveram-no, com os aromas, em faixas de linho, como os judeus costumam sepultar. No lugar onde Jesus foi crucificado, havia um jardim e, no jardim, um túmulo novo, onde ainda ninguém tinha sido sepultado. Por causa da preparação da Páscoa, e como o túmulo estava perto, foi ali que colocaram Jesus.

João 18, 1 – 19,42

Felipe estava em prantos pelo que acabara de assistir, em meio à multidão que antes o exaltava, agora a mesma gritava por sua morte, e morte por crucificação.

Felipe estava perdido, não sabia o que fazer, aquele momento era triste demais e incompreensível para ele.

Também não entendia o porquê de Jesus se entregar tão facilmente, com todo aquele poder que havia demonstrado dias atrás, a dúvida veio novamente em sua cabeça e também em seu coração, seria tudo mentira?

Teria sido um tolo em seguindo esse homem?

Disse Felipe:

_*Sei que pode ser tudo mentira, mas estou sofrendo ao vê-lo pregado a cruz neste momento!*

Enquanto Felipe pensava assim, um enorme temporal se formou, trovões e raios cortavam os céus e a chuva veio muito forte, após Jesus dar um grito e dizer que tudo estava consumado.

A terra começou a tremer e as pedras rolaram, a multidão que estava gritando a morte de Jesus, corria apavorada em direção à cidade, e os soldados se estremeceram diante da natureza revoltada naquele momento, pessoas choravam arrependidas, clamavam, mas era em vão!

O filho de Deus estava morto e Deus com certeza chorava naquele instante, do mesmo modo, Maria de Nazaré, a mulher que teve uma espada de dor transpassada sobre o seu coração...

Felipe, vendo tudo aquilo caiu de joelhos e pediu perdão por ter novamente duvidado de Jesus, e permaneceu ali junto com todos.

No mesmo momento que os céus escureceram, se ouvia um barulho ensurdecedor tal como de trombetas em meio a trovões e a raios, pois os céus também estavam tristes, e uma escuridão impressionante cobriu toda Jerusalém.

Um dos soldados, que ali permanecera, dizia:

_"Este homem, realmente, era um justo."

Sons de Trombetas ressoaram

e o céu se entristeceu...

SILÊNCIO...

Capítulo XVII

Tudo Está Consumado

"Morreu por nossos pecados"

Ao longe, Felipe vê Judas, em outro monte, com uma corda nas mãos.

_O que ele vai fazer?

Pergunta-se Felipe!

Enquanto continua a olhar, eis que observa Judas, a pessoa que traiu seu Mestre com um beijo, jogar uma corda em um galho de árvore e na outra ponta com um laço, coloca-la em volta de seu pescoço, tirando a própria vida em um instante de enorme remorso.

Pensando no que havia feito, por apenas trinta moedas.

Dizem que Judas, apenas quis apressar Jesus para que revelasse seu poder máximo, para logo conquistar toda Judéia, enfim todo um país.

Ingênuo era Judas, pois não sabia nada dos planos de Jesus e de seu pai.

Quando percebeu seu equivoco, tentou devolver as moedas e ainda salvar o seu Mestre, mas tudo em vão, pois já se cumpria o que Jesus havia dito.

Não tendo mais o que fazer, só lhe restou passar uma corda em seu pescoço e abandonar a vida de maneira tão triste.

Que Jesus tenha misericórdia de Judas, pois ele foi mais um ser humano, ingênuo, como muitos outros aqui na terra.

Passados os momentos de turbulência e revolta até da natureza, os amigos e familiares de Jesus o tiraram da cruz e o levaram para o sepulcro, local não muito longe.

Chegando lá, o colocaram envolto de um manto branco, em cima de uma pedra.

Maria o acariciava a todo o momento, seu rosto todo machucado, sua pele dilacerada, seus punhos e pés, perfurados...

E as lágrimas de Maria molhavam todo o semblante de Jesus.

Felipe, o personagem que diariamente seguia o Mestre, presenciava tudo à distância, e viu se fechar com uma enorme pedra a entrada do sepulcro.

Nenhum dos discípulos estava por perto, por medo ainda dos soldados, e também por um enorme desânimo que havia se abatido sobre eles, haviam se esquecido tudo o que Jesus lhes falava em dias anteriores.

Felipe inconformado com o cruel desenrolar desta história, estava decidido a voltar para a sua casa e para a sua família, mas resolveu ficar para a Páscoa, pelo menos para colocar em ordem as suas ideias, voltaria logo depois.

Eis que no Domingo de Páscoa, no terceiro dia, após a crucificação de Jesus, Felipe vê um grande alvoroço, alguns discípulos e seguidores de Jesus, como também, de sua mãe Maria.

Curioso como sempre, resolve ver o que se passava, e vai até o local em que estavam os discípulos.

_*Ele ressuscitou*!

Diziam!

_ *Eu o vi! Ele falou comigo*!

Todos estavam em festa, cada um dizia ter visto Jesus e conversado com ele.

_*Como seria possível*? Pensou Felipe, de novo a duvidar!

Por um momento, Felipe se encheu de esperança, pois se lembrou do que Jesus havia dito, ainda na estrada, a caminho de Jerusalém.

Ele dizia:

_*O filho do homem morrerá e será humilhado, mas no terceiro dia ressuscitará para a glória.*

Capítulo XVIII

Realmente Ressuscitou

(Venceu a morte)

_Será verdade? Posso crer nisto?
Dizia Felipe!

Desde a manhã de sua Ressurreição, até o dia em que subiu ao Céu (40 dias após sua vitória sobre a morte), Cristo apareceu diversas vezes, em diferentes ocasiões, lugares e a pessoas diferentes. A história nos revela que Cristo após a sua Ressurreição, ainda permaneceu algum tempo na terra. Para elucidar melhor esta afirmação, podemos buscar informações entre os estudiosos da sagrada escritura.

Segundo o estudioso da fé, Professor Felipe Aquino, podemos entender que Jesus apareceu diversas vezes, mas muitas destas aparições não foram registradas, por isso a dificuldade em saber exatamente o número de vezes que este fato aconteceu.

Texto explicativo extraído do site da Editora Cléofas, escrito pelo Prof. Felipe Aquino sobre a ressurreição de Cristo:

É difícil dizer quantas vezes Jesus ressuscitado apareceu às pessoas antes de Sua Ascensão ao Céu. No entanto, podemos verificar que foram muitas vezes. São Paulo disse, por volta do ano 56, que Ele "apareceu a mais de quinhentos irmãos de uma vez, dos quais a maioria ainda vive e alguns já são mortos; depois apareceu a Tiago e em seguida aos Apóstolos. E, por último de todos apareceu a mim, como a um abortivo" (1 Cor 15,6).

Desta narração de São Paulo já podemos vislumbrar ao menos três aparições de Jesus ressuscitado. Com isso Paulo quer mostrar que ainda hoje (no ano 56) muitos puderam testemunhar o que viram; isto é, a fé na Ressurreição do Senhor repousa sobre uma fé segura.

São Lucas, ao iniciar a narração dos Atos dos Apóstolos, diz a Teófilo que narrou os ensinamentos e as ações de Jesus, e que Jesus deu suas instruções aos Apóstolos até ser arrebatado ao Céu. "É a eles que se manifestou com muitas provas, aparecendo-lhes durante quarenta dias e falando das coisas do Reino de Deus" (Lc 1, 1-3). Bem, se durante quarenta dias Jesus apareceu aos Apóstolos, e deu suas instruções a eles, é de se imaginar que lhes tenha aparecido várias vezes, e nem todas foram narradas pelos evangelistas. Eles narraram a aparição às mulheres que foram ao túmulo na madrugada do domingo (Jo 20,1ss). São Lucas assim relatou: "No primeiro dia da semana, muito cedo, dirigiram-se ao sepulcro com os aromas que haviam preparado. Acharam a pedra removida longe da abertura do sepulcro. Entraram, mas não encontraram o corpo do Senhor Jesus. Não sabiam elas o que pensar, quando apareceram em frente delas dois personagens com vestes resplandecentes. Como estivessem amedrontadas e voltassem o rosto para o chão, disseram-lhes eles: Por que buscais entre os mortos aquele que está vivo? Não está aqui, mas ressuscitou" (Lc 24, 1-6).

Jesus apareceu aos discípulos na tarde do mesmo domingo, quando instituiu o Sacramento da Confissão (Jo 20,19-23). Nesta aparição Tomé não estava presente; então o Senhor apareceu novamente oito dias depois, para quebrar a incredulidade de Tomé (Jo 20,26-29).

São Lucas narra também a aparição aos dois discípulos de Emaús, São Cléofas e o outro, que caminharam com eles e que o reconhecem na fração do pão (Lc 24, 13-34). "Nesse mesmo dia, dois discípulos caminhavam para uma aldeia chamada Emaús, distante de Jerusalém sessenta estádios. Iam falando um com o outro de tudo o que se tinha passado. Enquanto iam conversando e discorrendo entre si, o mesmo Jesus aproximou-se deles e caminhava com eles. Mas os olhos estavam-lhes como que vendados e não o reconheceram... Aconteceu que, estando sentado conjuntamente à mesa, ele tomou o pão, abençoou-o, partiu-o e serviu-lhe. Então se lhes abriram os olhos e o reconheceram... mas ele desapareceu. Levantaram-se na mesma hora e voltaram a Jerusalém. Aí acharam reunidos os Onze e os que com eles estavam. Todos diziam: O Senhor ressuscitou verdadeiramente e apareceu a Simão. Eles, por sua parte, contaram o que lhes havia acontecido no caminho e como o tinham reconhecido ao partir o pão." (Lc 24,13-35).

O mesmo evangelista narra que "depois Jesus os levou para Betânia e, os abençoou. Enquanto os abençoava, separou-se deles e foi arrebatado ao Céu" (Lc 24,50-51).

São Mateus descreve que Jesus "apareceu aos Onze na Galileia, numa montanha que Jesus tinha indicado. "Quando o viram, adoraram-no; entretanto, alguns hesitavam ainda. Mas Jesus, aproximando-se, lhes disse: Toda autoridade me foi dada no céu e na terra. Ide, pois, e ensinai a todas as nações; batizai-as em nome do Pai, do Filho e do Espírito Santo. Ensinai-as a observar tudo o que vos prescrevi. Eis que estou convosco todos os dias, até o fim do mundo" (Mt 28,16-20).

São Paulo, em sua segunda viagem apostólica, na sinagoga de Antioquia da Psídia, diz que Jesus "durante muitos dias apareceu àqueles que com ele subiram a Jerusalém, os quais até agora são testemunhas dele junto ao povo" (At 13,31).

São Lucas narra nos Atos dos Apóstolos que Jesus apareceu a São Paulo na segunda viagem apostólica e lhe disse: "Coragem! Deste testemunho de mim em Jerusalém, assim importa também que o dês em Roma" (At 23,11).

Essas inúmeras aparições de Jesus são uma prova inequívoca de Sua ressurreição. As narrativas mostram que à princípio eles não acreditavam na ressurreição do Senhor, e só acreditaram depois de vê-Lo e tocá-Lo. Isto mostra que jamais eles teriam a capacidade de inventar a ressurreição do Senhor. A alegria e o destemor com que dai para frente pregavam o Senhor vivo e ressuscitado, mostra que ela foi a grande motivação para que o Evangelho fosse levado às nações. (Editora Cléofas -Texto do Professor Felipe Aquino)

Capítulo XIX

(Final ou Recomeço)

O Último Encontro com Felipe

(Eu te chamei pelo nome, no dia em que estava em sua vila)

Não devemos esquecer também que os discípulos se apresentaram como testemunhas oculares de Cristo ressuscitado, e nos lugares onde eles pregavam haviam muitas testemunhas que tinham também acompanhado de perto o desenrolar dos acontecimentos.

Se os discípulos não estivessem falando a verdade, seria fácil desmascará-los.

Mas nada puderam fazer para calá-los, pois eles falavam a verdade!

(2 Pe 1.16).

Testemunhas da glória de Cristo

16Nós não estávamos contando coisas inventadas quando anunciamos a vocês a vinda poderosa do nosso Senhor Jesus Cristo, pois com os nossos próprios olhos nós vimos a sua grandeza. 17Nós estávamos lá quando Deus, o Pai, lhe deu honra e glória. Ele ouviu a voz da Suprema Glória dizer: "Este é o meu Filho querido, que me dá muita alegria!" 18Nós mesmos ouvimos essa voz que veio do céu quando estávamos com o Senhor Jesus no monte sagrado.

19Assim temos mais confiança ainda na mensagem anunciada pelos profetas. Vocês fazem bem em prestar atenção nessa mensagem. Pois ela é como uma luz que brilha em lugar escuro, até que o dia amanheça e a luz da estrela da manhã brilhe no coração de vocês. 20Acima de tudo, porém, lembrem disto: ninguém pode explicar, por si mesmo, uma profecia das Escrituras Sagradas. 21Pois nenhuma mensagem profética veio da vontade humana, mas as pessoas eram guiadas pelo Espírito Santo quando anunciavam a mensagem que vinha de Deus. (Bíblia Sagrada)

Com este pensamento, Felipe já estava voltando, às margens do caminho, próximo a Jerusalém, se encontra com uma pessoa meiga, de vestes muito brancas, que ele nunca havia visto antes.

Com uma saudação conhecida, o homem se dirigiu à Felipe:
_A paz esteja com você, Felipe!

Reconhecendo de imediato que se tratava de Jesus, eis que Felipe cai aos seus pés dizendo:

_Meu senhor e meu Deus, é verdade que estais aqui? Não estou enlouquecendo?

Então Jesus disse:

_Felipe! Está me acompanhando há algum tempo, e ainda não aprendeu nada? Achas mesmo que foi por acaso que me seguistes?

Eu tinha um plano também para você, o de ser o espectador de meus milagres... Eu te chamei pelo nome, no dia em que estava em sua vila, lembra-se?

_Depois de chamá-lo, com uma curiosidade enorme, me acompanhou, foi até engraçado, pois você achava que me seguia escondido e eu sempre estava á te olhar.

Você foi muito cruel com os seus pais e familiares, mas mudou! Mudou a olhos vistos, por minha causa, você me ouviu, reconheceu aos poucos o meu chamado.

Mudou porque passou a me seguir, passou a querer me conhecer e, de pouco a pouco, foi me conhecendo e foi mudando seu modo de pensar e agir.

Hoje vejo que se tornou uma boa pessoa, e será um bom filho para seu pai e a sua mãe, que tanto o ama e que estão com muitas saudades de você.

_*Volte para a sua casa e seja o melhor filho que puder ser, seja o melhor homem, o melhor marido, enfim, seja justo e verdadeiro, estarei com você todos os dias de sua vida, e não quero que tenhas medo de nada, pois estarei sempre aqui, até o fim dos tempos.*

Passe também esta mensagem a todos que quiserem ouvir, você foi agraciado e se tornou "O Espectador dos Milagres de Jesus".

Com um sorriso enorme, Felipe chorou e agradeceu este momento único em sua vida, em segundos, no que olhou para o lado, não mais viu Jesus.

Um perfume inigualável tomou conta de seu ser, e caminhando, quase que correndo, voltou para casa, louco para contar para os seus pais o que havia acontecido com ele. De fato, não conseguia conter a ansiedade, algo que saltava de seu peito.

Chegando à sua casa, Felipe gritou por seu pai e por sua mãe, que assustados, vieram ao seu encontro, mas com um pouco de receio, pois Felipe era inconstante.

Sem que a sua mãe esperasse, Felipe lhe deu um forte abraço, tão apertado que ela quase perdeu a voz, e enquanto ele a abraçava dizia a todo o momento:

_*"Perdão, minha mãe, por tudo que fiz", eu a amo demais.*

Seu pai, que acabara de chegar do trabalho, se surpreendeu, também foi recebido com outro forte abraço de Felipe, que fervoroso dizia :

_Meu querido pai, como eu estava errado, encontrei o Cristo Jesus, que me ensinou a amar de verdade, me ensinou a dar valor a minha família e me ensinou a amar e dizer eu te amo.

_Quero que o senhor me leve também para a lavoura, trabalharemos juntos e viveremos muito felizes.

Pai, Jesus morreu, mas ressuscitou e falou comigo, nesses dias em que estive longe, presenciei maravilhas, estive ao lado do filho de Deus, o mesmo Deus que o senhor me falava e eu cego em minha ignorância, não acreditava.

_Vi pessoas serem curadas, vi cegos enxergarem, incrível, vi mortos ressuscitarem e darem graças a Jesus de Nazaré, vi também que ele era o mais humilde dos homens mesmo sendo o mais poderoso.

Vi Jesus tomar uma bofetada no rosto e oferecer a outra face em seguida, o vi ser açoitado, cuspido e humilhado, mas também o vi passar por tudo isto com uma calma incrível, perdoando a todos, mesmo estando pregado no alto da cruz, dizendo que nós não sabíamos o que estávamos fazendo.

_Hoje sou um novo homem, pois conheci de verdade, o Cristo, o Senhor Jesus de Nazaré, seus discípulos e a sua mãe tão meiga e amorosa, Maria.

_Pai, de hoje em diante esta casa será uma casa abençoada, uma casa onde reinará o amor e a justiça, pois a minha casa é também o meu coração, onde reside o Senhor Jesus, nunca mais levantarei a *voz para ofender a ti e a minha amada mãe... Pois o seu filho renasceu em Cristo Jesus.*

Não!

Recomeço...

Jean Carlos de Andrade

Mensagem do Autor:

Esta é uma obra baseada nas escrituras sagradas. O autor se inspirou em fatos reais sobre Jesus de Nazaré, porém acrescentou um personagem chave à vida do Mestre dos Mestres. Felipe, um personagem fictício que acompanha o Cristo pelas estradas, se tornando assim o Espectador dos Milagres de Jesus.

Mesmo sendo um personagem inventado, não seria tão ilógico assim, pois Jesus era mesmo seguido por milhares de pessoas, entre elas, poderia estar o Felipe desta história, poderia sim ele ter existido e duvidado no começo, se arrependido de seus males e presenciado grande parte dos feitos maravilhosos de Cristo.

Ter ouvido os ensinamentos únicos e verdadeiros sobre a vida, também além dela, ter conversado pessoalmente com ele, sentido o seu toque, sua energia vital.

Somos todos "Felipes", temos que ser mais que simples espectadores, devemos ser propagadores e divulgadores de Jesus, viver como ele viveu e partilhar de seus ensinamentos sagrados.
Espero que esta simples história baseada nas escrituras, atinja o seu coração e mesmo que de modo simples, atinja o seu intelecto e o faça pensar sobre s planos de Deus, sobre as palavras de Cristo, sua

trajetória, sua dor, enfim, a sua missão aqui na terra, o que o Cristo quer nos ensinar... Fiquem com Deus.

-Jean C. de Andrade-

Ele morreu por nós, você precisa de mais um motivo para amá-lo?

Orações

Oração de Libertação

Ó Senhor, vós sois grande, vós sois Deus, vós sois Pai.

Nós vos pedimos pela intercessão e auxílio dos Arcanjos Miguel, Rafael e Gabriel, que os nossos irmãos e irmãs sejam libertados do Maligno que os tornou seus escravos.

Vós, todos os Santos, vinde em nosso auxílio.

Da angústia, da tristeza, da obsessão, nós vos pedimos... livrai-nos, Senhor.
Do ódio, da fornicação, da inveja, nós vos pedimos... livrai-nos, Senhor.
Dos pensamentos de ciúme, de raiva, da morte, nós vos pedimos... livrai-nos, Senhor

De todos os pensamentos de suicídio e de aborto, nós vos pedimos... livrai-nos, Senhor.

De todas as formas de sexualidade desordenada, nós vos pedimos... livrai-nos, Senhor.

Da divisão da família, de toda a amizade que nos afasta do bem, nós vos pedimos... livrai-nos, Senhor.

De todas as formas de malefício, de feitiçaria, de bruxaria e de qualquer mal oculto, nós vos pedimos...
Livrai-nos, Senhor.

Ó Senhor, que dissestes, "deixo-vos a paz, dou-vos a minha paz", concedei-nos, por intercessão da Virgem Maria, a libertação de todas as maldições e a graça de gozarmos sempre da vossa paz.

Por Cristo Nosso Senhor.
 Amém!

Oração da Fé

Só Vós, meu Deus, sois infinitamente sábios e prudentes. Na Vossa sabedoria, determinastes todos os acontecimentos de minha vida, do primeiro até o último. Todas as coisas determinastes do mais perfeito modo.

Sabeis o que me sucederá, de ano em ano, até o fim; sabeis quanto tempo viverei e qual será minha morte. Tudo previstes e tudo quisestes, exceto o pecado. Cada acontecimento de minha vida é o melhor possível, porque vem de Vós. Ano por ano, me conduz vossa maravilhosa providência, da juventude até a maturidade, com a mais perfeita sabedoria e o mais perfeito amor...

Sei, ó Senhor, que assim como quero, com vossa graça, cumprir meus deveres para convosco, o mesmo quereis Vós. Bem sei que não podeis esquecer quem o procura, nem decepcionar quem confia em Vós. Mas também sei: quanto maior for minha insistência em pedir vossa proteção, tanto maior será a segurança com que a obterei em plenitude. Por isso, agora Vos peço e suplico: libertai-me de mim mesmo e me impedi de obedecer a qualquer vontade diferente da vossa. Pergunto-vos também por que, em vossa infinita compaixão, quereis adaptarvos à minha fraqueza. Pergunto-vos por que motivo não sois severos, mas indulgente comigo.

Não me deis meu amoroso Senhor, não me deis, se assim me é lícito pedir, aquelas provações que só os santos podem suportar. Tende piedade de minha fraqueza...
Tudo deixo em vossas mãos, meu amável Salvador, porque não quero negociar convosco. Se me quiserdes enviar provações mais duras, dai-me também mais graça, inundai-me com a plenitude de vossa força e de vossas consolações, para que tais provações não sejam ocasião de morte, mas de vida e salvação.

Oração a Santíssima Trindade

Oração ensinada pelo anjo aos três pastorzinhos de Fátima: Lúcia, Francisco e Jacinta.

Santíssima Trindade, Pai, Filho e Espírito Santo, eu Vos adoro profundamente e Vos ofereço o preciosíssimo Corpo, Sangue, Alma e Divindade de Nosso Senhor Jesus Cristo, presente em todos os Sacrários da terra, em reparação dos ultrajes, sacrilégios e indiferenças com que Ele mesmo é ofendido; e pelos merecimentos infinitos do seu Santíssimo Coração e pela intercessão do Imaculado Coração de Maria, peço-Vos a conversão dos pobres pecadores. Meu Deus! Eu creio, adoro, espero e amo-Vos; peço-Vos perdão por aqueles que não creem, não adoram, não esperam e não Vos amam.

Amém!

Ato de Consagração aos Corações de Jesus e de Maria

Sacratíssimos Corações de Jesus e de Maria, a Vós me consagro, assim como toda minha família.

Consagramos a Vós nosso próprio ser, toda nossa vida, tudo o que somos tudo o que temos, e tudo o que amamos. A Vós damos nossos corações e nossas almas. A Vós dedicamos nosso lar e nosso país.

Conscientes de que, através desta Consagração nós, agora, Vos prometemos viver cristãmente praticando as virtudes de nossa religião, sem nos envergonharmos de testemunhar a fé.

Ó Sacratíssimos Corações de Jesus e de Maria, por favor, aceitai esta humilde oferta de entrega de cada um de nós, através deste ato de Consagração. Nossa esperança é colocada em vós, com a certeza de que jamais seremos confundidos.

Sacratíssimo Coração de Jesus tende misericórdia de nós. Coração Imaculado de Maria, sede nossa salvação.

Oração pelas Vocações Religiosas

Jesus, Mestre divino, que chamaste os apóstolos a vos seguirem, continuai a passar pelos nossos caminhos, pelas nossas famílias e pelas nossas escolas, e continuai a repetir o convite a muito de nossos jovens. Dai coragem às pessoas convidadas, dai força para que vos sejam fiéis como apóstolos leigos, como sacerdotes, como religiosos e religiosas, para o bem do povo de Deus e de toda a humanidade. Amém!

Oração a São Miguel Arcanjo

São Miguel Arcanjo, defendei-nos no combate, sede nosso refúgio contra a maldade e as ciladas do demônio. Ordene-lhe Deus, instantemente o pedimos, e vós, príncipe da milícia celeste, pela virtude divina, precipitai no inferno a satanás e a todos os espíritos malignos que andam pelo mundo para perder as almas. São Miguel Arcanjo, defendei-nos e protegei-nos. Amém!

Oração a Nossa Senhora Aparecida

Maria, Mãe Aparecida, Tu és a face materna de Deus.
Nós precisamos do teu exemplo.
Nós precisamos de ti, da tua presença oculta e atuante em nossas vidas, do teu silêncio que soube escutar e acolher os dons do Espírito.
Em ti germinou a Palavra do Senhor.
Aceita o nosso coração para que o serviço fraterno e o amor verdadeiro sejam a certeza diária de nossas decisões.
Aceita a nossa inteligência, aceita as nossas forças, aceita a nossa devoção, aceita o nosso amor.
Mãe de misericórdia,
Aceita também o nosso empenho, nossas dores, alegrias e esperanças.
Ó Senhora Aparecida, nós os teus filhos queremos preparar a tua chegada entre nós. Inflama nosso coração, desperta nossa vontade.
Inunda nosso coração, desperta nossa vontade.
Inunda nossa vida, Ó Virgem Santíssima, ternura de Deus entre nós.
Amém.

Oração a Nossa Senhora das Graças

Ó Virgem Santa,

Fazei com que esses raios luminosos que irradiam de vossas mãos virginais, iluminem minha inteligência para melhor conhecer o bem e abracem meu coração com vivos sentimentos de fé, esperança e caridade. Amém.

Consagração ao Sagrado Coração de Jesus

Sagrado Coração de Jesus, invadi-me plenamente, de modo que os meus sentimentos sejam os Vossos Sentimentos; os meus desejos sejam os Vossos Desejos; as minhas palavras sejam as Vossas Palavras; os meus pensamentos sejam os Vossos Pensamentos. Depois deixai-me penetrar no mais íntimo do Vosso Sagrado Coração; aniquilai-me completamente. Adorarei o Vosso Sagrado Coração, do mais profundo do meu coração; prometo servir o Vosso Sagrado Coração com um fogo interior, servir-Vos-ei com um zelo mais fervoroso que nunca. Sou fraco (a), mas sei que a Vossa Força me ajudará. Não permitais que eu Vos perca de vista nem que o meu coração se volte para outro lado. Procurarei apenas o Vosso Sagrado Coração e só Vos desejarei a Vós.

Sagrado Coração de Jesus, fazei-me detestar tudo aquilo que é contrário à Vossa Santidade e à Vossa Vontade. Purificai-me repetidamente e fazei que nenhum rival permaneça dentro de mim. A partir de hoje, apertai os laços de amor com que me prendestes, e fazei que a minha alma tenha sede de Vós e o meu coração desfaleça de amor por Vós.

Sagrado Coração de Jesus, não espereis mais: vinde consumir todo o meu ser, com as Chamas do Vosso Ardente Amor. Tudo o que faça, de ora em diante, seja realizado pelos Vossos Interesses e pela Vossa Glória; e nada se faça para mim.

Consagro-Vos a minha vida a Vós e, a partir de hoje, quero ser o(a) escravo(a) do Vosso Amor, a vítima dos Vossos Ardentes Desejos e da Vossa Paixão; um bem para a Vossa Igreja e o brinquedo da Vossa Alma. Fazei que o meu porte seja o reflexo da Vossa Crucifixão, pela amargura que sentir, diante da surdez das almas que eu irei ver cair. Dai à minha alma o que ela puder suportar.

Sagrado Coração de Jesus, não me poupeis a Vossa Cruz, como o Pai não poupou a Vós. Tomai os meus olhos, os meus pensamentos e os meus desejos, para que sejam prisioneiros do Vosso Sagrado Coração. Eu sou indigno (a), e não mereço nada; mas Vós ajudai-me a viver o ato de consagração de um modo leal, invocando, incansavelmente, o Vosso Santo Nome. Fazei que o meu espírito rejeite tudo aquilo que Vós não sois.

Sagrado Coração de Jesus, fazei que a minha alma suporte melhor as Chagas do Vosso Corpo, pela conversão das almas. Submeto, voluntariamente, a minha vontade à Vossa, agora e sempre. Amém.

Terço da Misericórdia

Pai Nosso... Ave Maria... Creio.

Nas contas grandes:

Eterno Pai, eu vos ofereço o Corpo e o Sangue, Alma e Divindade de Vosso diletíssimo Filho, nosso Senhor Jesus Cristo, em expiação de nossos pecados e do mundo inteiro.

Nas contas pequenas:

Pela sua dolorosa Paixão, tende misericórdia de nós e do mundo inteiro.

No fim do terço (dizer 3 vezes):

Deus Santo, Deus Forte, Deus Imortal, tende piedade de nós e do mundo inteiro.
Ó Sangue e Água que jorrastes do Coração de Jesus como fonte de Misericórdia para nós, eu confio em Vós!

Terço das Lágrimas de Sangue de Maria, Rosa Mística.

Oração inicial:

"Jesus crucificado! Ajoelhados aos vossos pés, nós Vos oferecemos as lágrimas de sangue daquela que Vos acompanhou no Vosso caminho sofredor da Cruz com intenso amor participante. Fazei, ó bom Mestre, que apreciemos as lições que nos dão as lágrimas de sangue da Vossa Mãe Santíssima, a fim de que cumpramos a Vossa Santíssima vontade aqui na terra, de tal modo que sejamos dignos de louvar-Vos no céu por toda a eternidade. Amém!

Em vez do Pai Nosso, reza-se:

" Ó Jesus, olhai para as lágrimas de sangue daquela que mais Vos amou no mundo e Vos ama mais intensamente no céu".

Em vez da Ave Maria, reza-se:

"Ó Jesus, atendei as nossas súplicas, em virtude das lágrimas de sangue da Vossa Mãe Santíssima".

No fim, repete-se três vezes:

"Ó Jesus, olhai para as lágrimas de sangue daquela que mais Vos amou no mundo e Vos ama mais intensamente no céu".

Oração final:

"Ó Maria, mãe de amor, das dores e de misericórdia, nós vos suplicamos: uni vossas súplicas às nossa, a fim de que Jesus, vosso Divino Filho, a quem nos dirigimos, em nome de vossas lágrimas maternais de sangue, atenda as nossas súplicas e se digne concedei-nos as graças pelas quais vos suplicamos, a coroa da vida eterna". Amém.

Que as vossas lágrimas de sangue, ó Mãe das dores, destruam as forças do inferno. Pela Vossa mansidão divina, ó Jesus crucificado, preservai o mundo da ruína ameaçadora!

ORAÇÃO DA FAMÍLIA.

Senhor, nós vos louvamos pela nossa família e agradecemos a vossa presença em nosso lar.

Iluminai-nos para que sejamos capazes de assumir nosso compromisso de fé na Igreja e de participar da vida de nossa comunidade.

Ensinai-nos a viver a vossa palavra e o Vosso mandamento de Amor, a exemplo da FAMÍLIA DE NAZARÉ.

Concedei-nos a capacidade de compreendermos nossas diferenças de idade, de sexo, de caráter, para nos ajudarmos mutuamente, perdoarmos nossos erros e vivermos em harmonia.

Dai-nos, Senhor, saúde, trabalho e um lar onde possamos viver felizes. Ensinai-nos a partilhar o que temos com os mais necessitados e empobrecidos, e dai-nos a graça de aceitar com fé e serenidade a doença e a morte quando se aproximem de nossa família.

Ajudai-nos a respeitar e incentivar a vocação de nossos filhos quando quiserdes chamar a Vosso serviço.

Que em nossa família reine a confiança, a fidelidade, o respeito mútuo, para que o amor se fortifique e nos una cada vez mais.

Permanecei em nossa família, Senhor, e abençoai nosso lar hoje e sempre. Amém!

As Sete Palavras de Jesus

1ª palavra:
"PAI, perdoa-lhes porque não sabem o que fazem!"

2ª palavra:
"Ainda hoje estarás comigo no paraíso".

3ª palavra:
"Mulher, eis aí o teu filho. Filho, eis aí a tua mãe!"

4ª palavra:
"Tenho sede!"

5ª palavra:
"Meu Deus, meu Deus, por que me abandonaste?"

6ª palavra:
"Tudo está consumado."

7ª palavra:
"Pai, em tuas mãos entrego o meu espírito."

Jesus Cristo

Ele te observa, pois o ama de todo coração!

Jean Carlos de Andrade

Sobre o Autor

Natural da cidade de Bom Repouso Sul de Minas Gerais, filho de João Lúcio de Andrade e de Maria de Fátima Andrade, casado com Eliane Belizário de Andrade.

Jean Carlos de Andrade teve a sua infância toda em Bom Repouso/MG, cidade em que fez várias amizades e que possui um laço familiar muito forte. Em Bom Repouso, se dedicou à algumas pastorais, sendo Proclamador da Palavra e atuante em grupos de orações.

Atualmente, reside na pequena e aconchegante cidade de Estiva, também Sul de Minas Gerais.

Católico praticante, exerce vários trabalhos em pastorais nesta mesma cidade, sendo também Proclamador da Palavra e Coordenador da Pascom (Pastoral da Comunicação), exerceu a função de Ministro da Eucaristia por sete anos, sendo coordenador na Paróquia de Nossa Senhora Aparecida da cidade de Estiva MG.

Trabalhou como caminhoneiro desde 1994, hoje, já tem somado mais de mil viagens pelo Brasil.

Professor formado em Letras, criador de artes plásticas, Professor em Capoeira, Escritor e Poeta com vários livros publicados, Jean C. de Andrade faz parte de um Grupo de escritores nacionais que utilizam a internet como ferramenta para divulgação de seus trabalhos. Participou de três Antologias, uma delas teve seu lançamento no Salão do Livro, em Genebra na Suíça. Seu primeiro livro, Vida de Caminhoneiro, é um relato sobre as suas aventuras na estrada, entre elas, uma breve participação figurativa na série Carga Pesada da Rede Globo.

Em 2012 foi convidado para apresentar o seu livro no Programa Encontro com Fátima Bernardes.

Em 2014 foi indicado a ALG (Academia de Letras de Goiás Velho), sendo o primeiro caminhoneiro do Brasil a ser indicado para uma Academia de Letras.

Em 2016 foi o assunto principal no Programa Mais Caminhos da EPTV Globo, no quadro "De Carona na Boleia".

Em 2016 recebeu da Câmara Municipal de Estiva/MG a "Moção de Aplausos" por seus feitos literários a nível nacional.

Em 2017 o escritor Jean C. de Andrade foi o protagonista do filme "Rotina", o maior trabalho de marketing da Ford Caminhões, este comercial foi exibido em todos os canais de TV e internet, baseado nas aventuras do Livro Vida de Caminhoneiro, a ideia foi mostrar a vida real do estradeiro através da experiência do autor, foi uma semana intensa de gravações por Itapeva/MG, Estiva/MG, Carrancas/MG e São Paulo/SP, trabalho realizado pela produtora PBA Cinema.

Obras Publicadas:

Vida de Caminhoneiro, A Magia da Capoeira, O Espectador dos Milagres de Jesus, Viver em Bom Repouso, Emoções de um Corintiano, Pensamentos Poéticos, A Bela Luna, Compartilhando Poesias e Espaço Sagrado (Significados Sacros da Igreja) e (Poesias Para a Vida).

Entre em contato com o Escritor:

E-mail jean.jeanandrade.andrade376@gmail.com

Pelo www.clubedeautores.com.br - www.agbook.com.br - https://www.facebook.com/jeanandradeescritor/ pelo blog www.profjeanandrade.blogspot.com/ - Twitter @jeancandrade – Instagram @escritorjeanandrade

Bibliografia:

1. *Vida de Caminhoneiro – edição Clube de Autores, Agbook, Bookess e Graficenter em 2010.*

2. *A Magia da Capoeira – edição Clube de Autores, Agbook e Bookess em Maio de 2010.*

3. *O Espectador dos Milagres de Jesus – edição Clube de Autores, Agbook e Bookess em 2010.*

4. *Viver em Bom Repouso - edição Clube de Autores, Agbook e Bookess em 2011.*

5. *Emoções de Um Corintiano – edição Clube de Autores, Agbook e Bookess em 2011.*

6. *Pensamentos Poéticos - edição Clube de Autores, Agbook e Bookess em 2012.*

7. *A Bela Luna – edição Clube de Autores, Agbook e Bookess em 2013.*

8. *Compartilhando Poesias - edição Clube de Autores, Agbook e Bookess em 2015.*

9. *Espaço Sagrado -Aspectos Simbólicos Litúrgicos -Edição Clube de Autores, Agebook em 2017.*

10. *Poesias para a Vida – Edição Clube de Autores e Agebook em 2018.*

Livros do Autor:

1ª 2011 Revisão: Professor Sebastião Célio Pereira
Prefácio: Professor Adriano Geraldo da Silva
Diagramação e Criação: Jean Carlos de Andrade
Ilustração: Jean Carlos de Andrade
1ª Capa 2010: Waldeci Ramos- Artes Gráficas
2ª Capa 2015: Jean C. de Andrade

Todos os direitos reservados ao autor Jean Carlos de Andrade

Estiva MG Novembro de 2010.

Jean C. de Andrade

E-mail Jean.jeanandrade.andrade376@gmail.com

2010

www.ingramcontent.com/pod-product-compliance
Lightning Source LLC
Chambersburg PA
CBHW031445040426
42444CB00007B/972